Daniel E. Könner
Carpe Vitam. Nutze das Leben!

Daniel E. Könner

CARPE VITAM. Nutze das Leben!

Sechs Schritte zu
persönlichem Glück und Erfolg

Volk Verlag München

Die Deutsche Bibliothek – CIP-Einheitsaufnahme
Ein Titeldatensatz für diese Publikation ist bei
der Deutschen Bibliothek erhältlich

© 2003 by Volk Verlag München
Säntisstraße 45 • 81825 München
Tel.: 0 89 / 930 61 30 • Fax: 0 89 / 93 93 29 13
www.volkverlag.de

Lektorat: Sven Ködel
Druck: Kösel, Kempten

ISBN 3-937200-02-9

Unsere größte Angst ist nicht, unfähig zu sein. Unsere größte Angst ist, über grenzenlose Fähigkeiten zu verfügen.

Es ist unser inneres Licht und nicht unsere innere Dunkelheit, die uns am meisten Angst bereitet.

Wir fragen uns selber: Wer bin ich schon, dass ich es verdient habe, brillant, schön, talentiert oder einzigartig zu sein?

Aber eigentlich müsste es heißen: Wer bist du, dass du es nicht verdient hast?

Du bist ein Kind Gottes.

Die Unterdrückung deiner Fähigkeiten nützt der Welt nichts.

Es gibt nichts Inspirierendes an dir, wenn du dich selbst beschränkst, nur damit sich andere Menschen nicht unsicher in deiner Umgebung fühlen.

Wir alle sind dazu bestimmt zu leuchten, genauso wie es die Kinder tun.

Es steckt nicht nur in einigen von uns, sondern es steckt in jedem von uns. Und wenn wir beginnen, unser inneres Licht scheinen zu lassen, geben wir unbewusst anderen Menschen die Erlaubnis, das Gleiche zu tun.

Genauso wie wir uns von unserer Angst befreit haben, befreit unsere bloße Anwesenheit so unsere Mitmenschen.

Nelson Mandela

Für Luke
(I may simply be a single drop of rain,
but I will remain.)

Inhalt

III. Die Wichtigkeit von Zielen

IV. Hindernisse überwinden

V. Nimm jeden Menschen ernst

VI. Zeit nutzen

9

Vorwort

„Nutze das Leben" ist das erklärte Ziel dieses Buches. Es betrachtet dabei die verschiedenen Aspekte unserer menschlichen Existenz. Woher kommen wir, wo stehen wir heute, und noch viel wichtiger, wo darf die Reise denn hingehen? Kann das alles gewesen sein? Hat jeder von uns eine naturgegebene Bestimmung zu erfüllen? Und wenn ja, wie mag diese wohl aussehen? Dies sind Fragen, die früher oder später jeden von uns beschäftigen und nachdenklich stimmen. Während sich manche Menschen bereits in frühen Jahren mit diesen Fragen auseinandersetzen, dauert es bei anderen etwas länger, bis sie beginnen, nach Antworten zu suchen. Dieses Buch richtet sich daher an sämtliche Altersstufen oder Berufsgruppen. Dabei spielt es keine Rolle, in welchem Kulturkreis Sie aufgewachsen sind oder welcher sozialen Schicht Sie angehören.

Carpe Vitam richtet sich an alle Menschen, unabhängig von Nationalität, Glauben, Alter, Stellung oder sonstigen soziologischen Kriterien, denen wir in unserer Gesellschaft unterworfen sind. Dieses Buch ist all jenen gewidmet, die ihr Leben entscheidend verändern wollen und sich nun nach einem geeigneten Weg umsehen, der ihnen Antworten auf ihre Fragen gibt und ihnen endlich dabei hilft, ihr volles Potential zu entwickeln. Dabei orientiert sich das Carpe-Vitam-Prinzip nicht ausschließlich an einer einzigen Technik, sondern greift vielmehr auf eine Auslese der geeigneten Mittel und Wege zurück. Angefangen bei der Psychologie und Neurolinguistischer Programmierung (NLP) bis hin zur Autosuggestion, Esoterik und Philosophie ist in diesem

Buch die Essenz dessen vertreten, was uns unserem Ziel näherbringt.

Als ich selber einmal zurückblickte, was mein Leben nachhaltig beeinflusst hat, ist mir etwas besonders aufgefallen. In den meisten Fällen geschah dies in Verbindung mit kraftvollen Zitaten und Kurzgeschichten, die ich bis zum heutigen Tage nicht vergessen habe. Jedesmal wenn ich in meinem bisherigen Leben vor einer wichtigen Entscheidung stand, halfen mir diese zuverlässig dabei, die für mich richtige Wahl zu treffen. Aus diesem Grund ist das vorliegende Prinzip Carpe Vitam gespickt mit einer Vielzahl ausgesuchter, kraftvoller Short Stories und beeindruckender Zitate.

Was diese Geschichten und Zitate so besonders macht, ist die Tatsache, dass sie durch ihren stark bildhaften, emotionalen Charakter auch das Unterbewusstsein des Menschen erreichen und so auf eine besonders effektive, nachhaltige Art und Weise dabei helfen, die Weichen in die richtige Richtung zu stellen.

Aber es gibt noch einen weiteren enormen Vorteil. Man kann viele der Geschichten und Zitate dazu verwenden, auch anderen Menschen Denkanstöße zu vermitteln.

Egal ob es sich um ein Familienmitglied, einen Freund oder einen Ihrer Mitarbeiter handelt, Sie werden auf alle die gleiche positive Wirkung haben und auch deren Leben nachhaltig beeinflussen.

Ich konnte zahlreichen Gesprächen, die ich im Laufe der Jahre geführt habe, entnehmen, dass auch andere Menschen die gleiche Erfahrung gemacht haben. So gut wie jeder von ihnen konnte mir auch nach Jahren wenigstens noch ein Zitat oder eine Kurzgeschichte erzählen, die für seine persönliche Entwicklung eine entscheidende Rolle gespielt hat.

Ich bin mir sicher, dass auch Sie beim Lesen dieses Buches mindestens einen persönlichen Schatz finden werden, der Sie für den Rest Ihres Lebens begleitet, um auch in schwierigen Situationen dafür zu sorgen, dass Sie Ihren Weg der Träume und Ziele nicht verlassen.

Das Carpe-Vitam-Prinzip wird Ihnen dabei als eine Art Wegweiser dienen, Ihren persönlichen Lebensweg zu finden.

I. Teil

Habe den Mut, deine Fähigkeiten zu testen

„Verstecke deine Talente nicht.
Sie wurden dir gegeben, damit du sie benutzt.
Was nutzt schon eine Sonnenuhr, die im Schatten steht."
(Benjamin Franklin)

Einführung

Stellen Sie sich vor, Sie fragen ein Kind, was es später einmal tun will und wie es sich sein Leben vorstellt, wenn es erwachsen ist. Die Antwort wird in jedem Fall nicht lange auf sich warten lassen und direkt mit den individuellen Vorlieben des Heranwachsenden zu tun haben.

Wenn wir uns heute jedoch daran erinnern, welche Pläne und Ziele wir als junge Menschen für unser Leben hatten, wird den meisten von uns Folgendes schnell klar: Die gegenwärtige Realität sieht vollkommen anders aus.

Was ist in der Zwischenzeit nur geschehen?

Nur wenige von uns leben auch nur annähernd jenes Leben, das wir uns in unserer Jugend erträumten. Um überhaupt in der Lage zu sein, Ihren Job und Ihr Privatleben interessant zu gestalten, müssen Sie daher endlich anfangen, auch Ihre bisher verborgenen Fähigkeiten zu nutzen.

Traurigerweise lassen die meisten Menschen gerade diese Qualitäten ihr Leben lang verkümmern und wundern sich trotzdem, warum sie sowohl im Privatleben als auch im Beruf auf der Stelle treten, anstatt Fortschritte zu machen.

Das Ergebnis ist dabei meist das gleiche: Jeden Tag werden die Menschen zu je einem Drittel mit Dingen konfrontiert, die sie tun müssen, Dingen, die sie tun wollen oder Dingen, die sie erledigen, weil sie gerade nichts Besseres zu tun haben.

Im letzten Fall treten besonders häufig Emotionen wie Trauer, Angst oder Depressionen auf. Dies führt dazu, dass wir uns zwangsläufig auf die Wiederherstellung der eigenen inneren Ordnung konzentrieren müssen und dabei eine Menge positiver Energie verlieren.

Arbeit ist ein wichtiger Bestandteil unseres Lebens, und trotzdem würden viele Menschen in der Zeit, in der sie ihrem Beruf nachgehen, lieber etwas anderes tun.

Das ist ein Besorgnis erregender Umstand!

Wir müssen ohnehin umdenken, wenn es um unsere Arbeitswelt geht. Das Konzept eines sicheren und festen Arbeitsplatzes auf Lebenszeit ist mittlerweile Makulatur. Die heutige Geschäftswelt ist turbulent und einem ständigen Wandel unterworfen. Völlig neue Berufsbilder entstehen – dem Computerzeitalter sei Dank – praktisch über Nacht und führen andererseits zu einem Stellenabbau ungeahnten Ausmaßes.

Immer mehr Menschen suchen heute eine Beschäftigung, mit der sie genügend Geld verdienen, in der sie aber auch ihre Fähigkeiten voll entfalten können. Entdecken Sie also Ihre verborgenen Talente, Sie sind Ihr Garant für ein sicheres Einkommen in den nächsten Jahren. Versuchen Sie herauszufinden, was Sie unzufrieden macht und wo Sie das Gefühl haben, die Kontrolle zu verlieren. Definieren Sie die unerfüllten Aspekte Ihres Lebens. In der Regel kann man hier drei Hauptbereiche unterscheiden:

1. *Ihre Beziehung zu Ihrem nächsten Umfeld.* Sind diese Beziehungen glücklich?

2. *Ihr Berufsleben.* Gehen Sie jeden Tag voller Engagement zur Arbeit?

3. *Ihre Hoffnungen und Träume.* Sind Sie in der Lage, Ihre Träume wahr werden zu lassen?

Jeder Mensch hat Talente und Fähigkeiten. Er muss sie nur ans Tageslicht befördern und ausbauen.

Zu irgendeinem Zeitpunkt in unserer Entwicklung müssen sich demnach die Wege unserer Träume und Ziele vom breiten Pfad der Realität entfernt und sich fortan in eine vollkommen andere Richtung bewegt haben.

Dies ist der entscheidende Grund, warum heute so viele Menschen unglücklich mit ihrem Leben sind und es auch bleiben werden, wenn sie nicht endlich anfangen, Abhilfe zu schaffen.

Wir wollen daher unser Augenmerk erst einmal auf die ursächlichen Auslöser dieses Zustandes richten.

Eine schöne Geschichte zu diesem Thema stammt aus dem Kulturgut der Indianer und wird den Kindern dort von den Stammesältesten erzählt.

/ Der kleine Adler

Die Geschichte handelt von einem jungen Krieger, der auf einem seiner Streifzüge zufällig das Ei eines Adlers fand und es mit nach Hause nahm.

Voller Mitleid suchte der Indianer den Horst der Adlermutter, um das Ei zurückzubringen, doch konnte er ihn beim besten Willen nicht finden. Vorsichtig legte er das Ei daher in das Gelege eines Präriehuhns, um es dort ausbrüten zu lassen. Als der kleine Adler einige Zeit später zusammen mit den anderen Küken schlüpfte, nahm er nach einem kurzen Blick auf seine Mutter und seine Stiefgeschwister natürlich an, er sei ebenfalls ein Präriehuhn.

In den Wochen und Monaten darauf machte er logischerweise genau das, was die anderen Präriehühner auch taten. Gemeinsam liefen sie tagein tagaus durch die Wüste und durchkämmten den Wüstensand unermüdlich auf der Suche nach Samen, Gräsern und anderer Hühnernahrung. Heiser gackernd und mit kurzen Flügelschlägen flatterte er mit seiner Adoptivfamilie über den Grund und fristete ein typisches Präriehuhndasein.

Jahre vergingen, und der Adler wurde immer älter. Eines Tages sah er jedoch einen faszinierenden Vogel, der hoch oben in den Wolken majestätisch seine Runden drehte.

Erhaben schwebte der unbekannte Vogel durch die Lüfte, und der klei-
ne Adler beobachtete ihn verträumt dabei, wie er seine Bahnen durch den
Himmel zog.

„Das ist der schönste Vogel, den ich jemals gesehen habe," sagte er
staunend zu einem seiner Brüder. „Was für eine Art ist das?"

„Das ist ein Adler, der König der Vögel," antwortete dieser und schau-
te ihn von der Seite an.

„Verschwende besser keinen Gedanken an ihn, keiner von uns wird
jemals so sein können wie er."

Der kleine Adler hatte verstanden und hielt sich in Zukunft an die
Anweisung seines Bruders. Nie wieder verschwendete er einen Gedanken
an den König der Lüfte und starb in dem festen Glauben, ein Präriehuhn
zu sein. \

In meinen Augen bringt es diese Fabel auf den Punkt. Haben Sie sich
schon einmal über die folgenden Tatsachen Gedanken gemacht?

Laut wissenschaftlichen Untersuchungen ist grundsätzlich
jeder normal begabte Mensch fähig, die Abiturprüfung abzulegen.

Warum gibt es dann überhaupt noch Haupt- und Realschulen
in unserem Land?

Mit einer entsprechenden Förderung der Heranwachsenden
dürften diese Schulformen doch längst überflüssig geworden sein.

Leider bleibt einem Großteil von uns diese Art der persönlichen
mentalen Förderung jedoch auch heute noch versagt.

Ausgehend von diesem Beispiel kann man die Problematik auf
sämtliche Gebiete unserer Gesellschaft übertragen und erkennt
schnell, dass hier die Wurzel des Übels liegen muss.

Die meisten von uns haben auch außerhalb der Schule niemals
das Glück gehabt, einem Förderer und Mentor zu begegnen, der
bestehende Träume und Ziele auf die vorhandenen individuellen

Stärken abgestimmt und kanalisiert hat. Stattdessen werden uns von allen Seiten, mehr oder weniger auffällig, Äste zwischen die Beine geworfen, die unsere Persönlichkeitsentfaltung entscheidend behindern. Zweifel an unseren eigenen Fähigkeiten beginnen in uns zu wachsen und bestimmen maßgeblich den Verlauf unserer weiteren Entwicklung. Das Ergebnis ist, dass wir irgendwann Angst vor der eigenen Courage bekommen und unsere eigentlichen Ziele vollends aus den Augen verlieren.

Dies darf und muss nicht so sein!

Erst kürzlich habe ich in diesem Zusammenhang ein äußerst erfreuliches Telefonat mit einer langjährigen Freundin der Familie geführt.

Die Dame ist vor sechs Jahren Großmutter geworden und erzählte mir voller Stolz von ihrem Enkelkind, das eine internationale Schule besucht und dort an einem Pilotprojekt teilnimmt. Einmal abgesehen davon, dass ihr Enkel auf dieser Schule automatisch die englische Sprache lernt, hatte sich der dortige Schuldirektor bei der Einschulung entschlossen, die ersten beiden Schuljahre zusammenzufassen, um so die Schulzeit entscheidend zu verkürzen. Es ist vielleicht wichtig zu erwähnen, dass es ich bei diesen Kindern keinesfalls um so genannte hochbegabte Kinder handelt, sondern um völlig normale Schüler. Voller Stolz teilte die Dame mir mit, dass ihr Enkel, nachdem er die erste und die zweite Klasse in nur einem Jahr erfolgreich abgeschlossen hatte, nun in die dritte Klasse versetzt worden wäre, die er zusammen mit der vierten ebenfalls in nur einem Jahr beenden würde.

Dieses Beispiel macht einmal mehr deutlich, was im Bereich des Möglichen liegt, wenn man über den Rand der althergebrachten Lehrmethoden hinausblickt und das vorhandene geistige Potenzial des Menschen an die erste Stelle setzt.

Nur so kann man die naturgegebenen Fähigkeiten eines Menschen zur Gänze fördern.

Dem unteren Schaubild können Sie die wichtigsten Faktoren für die Entwicklung des menschlichen Potenzials entnehmen.

Beeinflussungsfaktoren des individuellen Potenzials

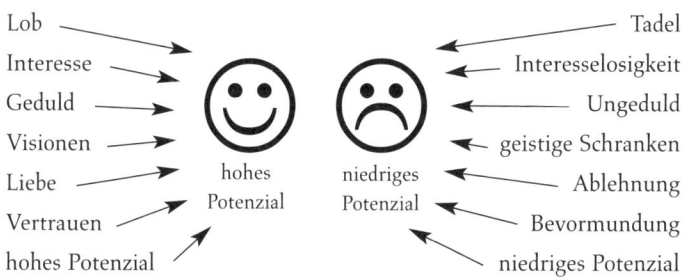

Leider können sich nur wenige davon frei sprechen, ihre Kinder und ihre Umwelt stets nach diesen Gesichtspunkten zu behandeln. Gerade hier liegt die Erklärung für das Dilemma, in welches wir früher oder später geraten. Wären wir von klein auf nur mit den Aspekten der linken Seite des Schaubildes in Kontakt gekommen – nur Gott weiß, wo wir heute stehen würden.

Aus eigener Erfahrung ist mir bewusst, wie schwer es in manchen Situationen sein kann, einem Heranwachsenden geduldig die richtigen Werte zu vermitteln und ihn zu stärken anstatt ihn herunter zu machen. Angefangen bei den Hausaufgaben eines Kindes, wenn es partout die binomischen Formeln nicht begreifen will, bis hin zum Aufräumen des Kinderzimmers. Äußerungen wie: „Lernst du das denn nie?", oder „Dein Zimmer entwickelt sich immer mehr zum Saustall!" sind einem schnell über die Lippen gerutscht. Je mehr ich jedoch auf den Schwächen eines Menschen herumreite, desto schlimmer wird dessen Zustand. Stellen Sie sich einmal vor, Sie würden eine Person von Beginn ihrer Geburt an nur kritisieren. Wie viel Vertrauen hätte dieser Mensch später in seine naturgegebenen Fähigkeiten? Als Konsequenz daraus würde dieser Mensch Zeit seines Lebens alles, was er tut, in Frage stellen und sich höchstwahrscheinlich niemals wirklich entfalten können. Genau wie der Adler, der bis zu seinem Tod wie ein Präriehuhn durch die Steppe flattert und nach Körnern pickt, wird solch ein Mensch eine traurige Existenz fristen, einzig und allein, weil er kein Selbstbewusstsein besitzt. Selbst-Bewusstsein ist das eigentliche Thema, um das es hier geht und dem wir uns nun zuwenden wollen.

Unser Selbstbewusstsein

Wie wir bereits gesehen haben, ist es ein Mangel an Selbstbewusstsein, der die Menschen auch zu einem späteren Zeitpunkt ihres Lebens davon abhält, ihre verborgenen Potenziale zu erschließen. Wie das Wort *Selbst-Bewusstsein* schon verrät, handelt es sich dabei um die Fähigkeit, sich selbst mit allen vorhandenen Stärken und Schwächen zu kennen und zu akzeptieren.

Was fällt Ihnen spontan dazu ein? Welche sind Ihre persönlichen Schwächen und Stärken?

Schwächen	Stärken
1. _____	1. _____
2. _____	2. _____
3. _____	3. _____
4. _____	4. _____
5. _____	5. _____
6. _____	6. _____
7. _____	7. _____

8. _____   8. _____

9. _____   9. _____

10. _____   10. _____

11. _____   11. _____

12. _____   12. _____

13. _____   13. _____

14. _____   14. _____

15. _____   15. _____

16. _____   16. _____

17. _____   17. _____

18. _____   18. _____

19. _____   19. _____

20. _____   20. _____

Und, wie sieht Ihr Ergebnis aus? Auf welcher Seite haben Sie spontan mehr Eigenschaften eintragen können – bei den Schwächen oder bei den Stärken? Sollte Ihnen das Aufzählen Ihrer Talente am Anfang Probleme bereiten, liegt dies daran, dass Sie es einfach nicht gewohnt sind, Ihre Stärken herauszustellen. In einem solchen Fall kann es hilfreich sein, wenn Sie erst einmal eine nahestehende Person nach den besonderen Fähigkeiten fragen, die sie an Ihnen schätzt. Fragen Sie Ihren Partner oder Ihren besten Freund! Ich bin mir sicher, Sie werden erstaunt sein, wie viele Aspekte Ihnen genannt werden, an die Sie überhaupt gar nicht gedacht haben. „Wenn Sie alle Ihre Talente übereinander stapeln, würden Sie sich über die Höhe des Haufens buchstäblich erschrecken," hat ein weiser Mann einmal gesagt und lag mit seiner Aussage vollkommen richtig.

Schreiben Sie Ihre Eigenschaften auf einen Zettel und verinnerlichen Sie diese gründlich. Unabhängig vom Ergebnis sollten Sie sich für Ihre weitere Zukunft hauptsächlich auf Ihre Talente konzentrieren. Diese sind die Werkzeuge, die Ihr zukünftiges Leben entscheidend verändern werden. Natürlich haben Sie wie jeder andere Mensch auch Schwächen, doch ist es für Ihre persönliche Entwicklung wenig vorteilhaft, wenn Sie Ihren negativen Eigenschaften gestatten, über Ihr Schicksal zu entscheiden.

In diesem Zusammenhang ist mir vor geraumer Zeit eine schöne Geschichte zu Ohren gekommen, die sich auf die möglichen Schwächen eines Menschen bezieht. Sie handelt von einem kleinen Jungen, der als Kleinkind einen schweren Autounfall überlebte, dabei jedoch seinen rechten Arm verlor.

/ Der kleine Judoka

Mit den Jahren gewöhnte er sich an sein Handicap, doch wuchs in ihm mit der Zeit der Wunsch, ebenso wie seine Freunde einer Kampfsportart nachzugehen.

Interessiert begab er sich also in die Judoschule seiner Stadt, um den dortigen Trainer zu fragen, ob es auch als Einarmiger möglich sei, diesen Sport auszuüben.

„Kein Problem," antwortete dieser, und schon am nächsten Tag begann der Junge mit dem Training. Die Wochen vergingen, und der Junge begann sich zu wundern, warum ihn der Meister immer wieder den gleichen Bewegungsablauf trainieren ließ.

„Meister," fragte er ihn daraufhin, „wäre es nicht an der Zeit, dass ich auch ein paar andere Techniken vermittelt bekomme. Ich halte mich jetzt schon seit langer Zeit mit einer einzigen Übung auf."

„Mein Junge," sprach der Meister, „vertraue mir. Dies ist zwar die einzige Technik, die du bisher kennen gelernt hast, aber es ist gleichzeitig auch die einzige Technik, die du jemals brauchen wirst."

Der Junge verstand zwar nicht ganz, was der Meister damit meinte, doch ging er folgsam zurück an seine Übung und fuhr mit ihr fort. Mehrere Wochen vergingen, und der Tag des großen lokalen Judoturniers rückte immer näher.

Eine Woche vor Beginn der Veranstaltung überraschte der Meister den Jungen mit der Nachricht, dass er auch ihn für dieses Turnier angemeldet habe und er sich geistig schon einmal darauf einstellen solle.

Als der große Tag gekommen war, fieberte der Junge seinem ersten Kampf entgegen, den er zu seiner eigenen Überraschung bereits nach kurzer Zeit ohne größere Probleme gewann.

Auch die nächsten Kämpfe, die auf ihn zukamen, stellten für ihn kein allzu großes Hindernis auf seinem unaufhaltbaren Weg ins Finale dar.

Dort sollte er allerdings auf seinen bisher stärksten Gegner treffen.

Der Kampf war lange Zeit ausgeglichen, doch nach und nach gewann sein Gegner immer mehr an Boden, und der Kampfrichter fragte den Trainer des einarmigen Jungen, ob er es nicht vorziehen würde, das Handtuch zu werfen und seinen Schützling zu seinem eigenen Besten aus dem Wettkampf zu nehmen.

„Auf gar keinen Fall," antwortete der Trainer, „wir werden die volle Distanz gehen."

Kurz nachdem er dies gesagt hatte, machte der bisher überlegene Gegner auch schon den entscheidenden Fehler, und dem einarmigen Jungen gelang es, den Kampf vorzeitig für sich zu entscheiden.

Der Wettkampfneuling war außer sich vor Freude über seinen unerwarteten Turniersieg und konnte sein Glück kaum fassen. Dem Jungen war allerdings immer noch unbegreiflich, wie es ihm mit lediglich einer Technik gelungen war, das gesamte Turnier zu gewinnen, und er fragte seinen Trainer daher, ob er ihm dieses Phänomen erklären könne.

„Mein Junge," antwortete der Trainer, „es gibt zwei Gründe, warum du dieses Turnier gewonnen hast."

„Erstens beherrschst du durch dein unermüdliches Training einen der schwersten Würfe, die es im Judosport überhaupt gibt. Der zweite Grund ist, dass die einzige Verteidigung gegen diese Technik das Ergreifen deines rechten Armes wäre." \

Sehen Sie, was ich meine? Hätte sich der einarmige Judoka lediglich auf seine Behinderung konzentriert und nicht darauf, das Beste aus seinen Gegebenheiten herauszuholen, wäre er mit Sicherheit nicht in der Lage gewesen, das Turnier zu gewinnen.

Legen Sie daher in Zukunft ebenfalls mehr Wert darauf, Ihre Stärken zu fördern, anstatt sich endlos über Ihre Schwächen zu ärgern. Sollten Sie Defizite haben, die Sie tatsächlich beeinträchtigen und die Sie unbedingt ändern müssen, um Ihr Leben nachhaltig positiv zu gestalten, so schreiben Sie diese bitte jetzt auf. Wir werden später darauf zurückkommen.

Diese Dinge möchte ich ändern

1. _____

_____

_____

2. _____

_____

_____

3. _____

_____

_____

4. _____

_____

_____

5. _____

_____

_____

Schauen Sie sich Ihre Schwächen noch einmal an. Haben Sie wirklich alles aufgeschrieben? Oder wollen Sie vielleicht noch etwas hinzufügen? Wenn Sie wirklich der Meinung sind, dass diese Sie auf Ihrem

Weg zum Erfolg behindern, dann rufen Sie sich diesen Umstand jetzt ins Bewusstsein. Sie müssen es bildlich vor Augen haben und der Nachteil, der Ihnen durch diese Defizite entsteht, sollte ein gewisses Dringlichkeitsgefühl hervorrufen. Stellen Sie sich vor, wo Sie in fünf oder zehn Jahren stehen werden, wenn Sie es nicht schaffen, Ihre Schwächen in den Griff zu bekommen. Wäre das eine schöne Vorstellung oder eher ein Umstand, den Sie unbedingt vermeiden wollen? Wenn Sie soweit zufrieden sind und alles aufgeschrieben haben, kann es weiter gehen. Sollten Sie sich noch nicht ganz sicher sein, dann überlegen Sie noch einen Augenblick, bevor Sie weiterlesen.

Das Prinzip von Schmerz und Freude

Haben Sie sich schon einmal überlegt, warum Sie bestimmte Dinge tun und andere unterlassen? Wie viele Menschen kennen Sie in Ihrer Umgebung, die bereits mehrfach versucht haben, sich das Rauchen abzugewöhnen oder mit einer Diät dauerhaft Gewicht zu verlieren? Waren die meisten bei ihrem Vorhaben erfolgreich? Ich schätze nein, und dafür gibt es einen triftigen Grund.

Alles was der Mensch tut, ist letztendlich auf zwei ganz bestimmte Motive zurückzuführen, die dem Prinzip von Zuckerbrot und Peitsche sehr nahe kommen:

1. das Verlangen, Schmerzen zu vermeiden
2. den Drang, Freude zu erfahren

Damit wir wirklich bereit sind, etwas nachhaltig zu ändern, muss die Freude über eine Veränderung das Verlangen, Schmerzen zu vermeiden, bei weitem übertreffen.

Die nächste Frage, die wir uns stellen müssen, soll uns daher helfen, zu erkennen, warum wir diese Dinge ändern wollen. Wir müssen also noch konkreter werden:

Was steckt hinter diesem Wunsch?

Bitte schreiben Sie jetzt pro Änderungswunsch mindestens fünf persönliche Gründe auf, warum Sie in Zukunft eine Korrektur vornehmen wollen. Dies mag Ihnen am Anfang schwer fallen, doch ist es von äußerster Wichtigkeit, dass Sie sich über diese Beweggründe im Klaren sind, bevor wir fortfahren. Fragen Sie sich also, inwiefern Sie diese Schwächen in Ihrem Leben behindern. Je mehr Gründe Sie finden, desto nachhaltiger wird Ihr Wunsch sein, wirklich eine Veränderung herbeizuführen. Die Gründe müssen für Sie einleuchtend sein. Im Optimalfall empfinden Sie sogar einen inneren Schmerz, wenn Sie diese zu Papier bringen. Auf jeden Falle müssen Sie es schaffen, sie so stichhaltig zu formulieren, dass es Ihnen wie Schuppen von den Augen fällt und Sie förmlich spüren: „Ja, natürlich will ich diese Schwäche ablegen. Es wäre geradezu eine Katastrophe, wenn mir dies nicht gelänge."

Ich kenne zum Beispiel viele Raucher, die bereits mehr als einmal versucht haben, ihr Laster aufzugeben, oder übergewichtige Menschen, die sich felsenfest vorgenommen hatten, deutlich an Gewicht zu verlieren. Besonders zu Neujahr befällt viele von uns das Verlangen nach solch einer Leistung. Fragt man die Menschen Mitte Februar noch einmal, wie es um ihr Vorhaben bestellt ist, so würden mehr als 90 Prozent antworten: „Ich habe es zwar fest vorgehabt, doch bin ich leider aus diesem oder jenem Grund gescheitert. Beim nächsten Mal werde ich aber alles besser machen."

Was ist diesen Menschen passiert? Ganz klar, sie sind von ihrem Alltag und ihren Gewohnheiten eingeholt worden. Ihr innerer Schweinehund hat wie gehabt laut bellend von ihnen Besitz ergriffen. In jedem Fall war ihr Verlangen, ihr Vorhaben in die Tat umzusetzen, augenscheinlich nicht groß genug, um es wirklich zu schaffen. Bevor Sie also zur Tat schreiten, ist es von größter Wichtigkeit, sich zuerst genauestens zu überlegen, aus welchen Gründen Sie Ihre Schwächen ablegen wollen.

Aus diesen Gründen will ich eine Veränderung herbeiführen:

Erste Schwäche

_____

_____

_____

Zweite Schwäche

_____

_____

_____

Dritte Schwäche

_____

_____

_____

Vierte Schwäche

_____

_____

_____

Fünfte Schwäche

_____

_____

_____

Der nächste Schritt ist die Frage nach den Vorteilen, die uns zukommen, wenn wir unsere Schwächen in Stärken umwandeln. Wie würden Sie in Ihrem Leben davon profitieren? Was würde Ihnen leichter fallen? Welche schönen Dinge, von denen Sie vielleicht schon immer geträumt haben, würden auf einmal in greifbare Nähe rücken? Malen Sie sich diese positiven Aspekte in Ihrem Geiste aus. Spüren Sie, wie es sich anfühlen würde, wenn Sie Ihr Ziel wirklich erreichen. Wo würden Sie in fünf Jahren stehen, wenn Sie es schaffen, Ihre Schwächen abzulegen und sich von deren Bürde zu befreien?

Folgende Dinge würde ich erleben, wenn ich meine Schwächen in Stärken umwandle:

Erste Schwäche

_____

_____

_____

Zweite Schwäche

_____

_____

_____

Dritte Schwäche

_____

_____

_____

Vierte Schwäche

_____

_____

_____

Fünfte Schwäche

_____

_____

_____

Das Unterbewusstsein

Erklärung des Unterbewussten

Um den Begriff des Unterbewusstseins zu verstehen, möchte ich Sie mit einem Lächeln auf den Lippen an die Geschichte von Dr. Jekyll und Mr. Hyde erinnern. Wie wir alle wissen, haben wir es darin quasi mit zwei völlig verschiedenen Persönlichkeiten zu tun, die sich einen gemeinsamen Körper teilen und daher einem steten Konflikt unterworfen sind. Ähnlich verhält es sich mit der Beziehung zwischen Bewusstsein und Unterbewusstsein. Den *bewussten* Wachzustand, in dem wir bewusst denken und handeln, kann man mit dem Leben des Dr. Jekyll gleichsetzen. Spätestens im Schlaf, oder wenn wir zum Beispiel einen über den Durst getrunken haben, übernimmt jedoch Mr. Hyde das Ruder. „Ach, das mache ich doch im Schlaf!" ist ein Ausspruch, den Sie sicher schon einmal gehört haben. In der Tat vollbringt man viele alltägliche Dinge, ohne sich vorher bewusst Gedanken darüber zu machen. Das morgendliche Zähneputzen ist ein gutes Beispiel dafür. Auch die vielen Schlafwandler, die, ohne es zu merken, die verrücktesten Dinge anstellen, sind ein Exempel für die Aktivitäten unseres Unterbewusstseins. Mr. Hyde lässt grüßen!

Ein entscheidender Unterschied zur Geschichte ist jedoch, dass unser Unterbewusstsein auch tagsüber, im bewussten Zustand aktiv ist und uns in unseren Handlungen beeinflusst. Leider nehmen wir diesen Umstand nicht wahr, während er passiert, sondern müssen erst die Ergebnisse unserer Aktivitäten abwarten. Erinnern Sie sich noch an die Geschichte vom kleinen Adler am Anfang des Buches?

Es ist unser Unterbewusstsein, in Gestalt der Adoptivfamilie des Adlers, das dafür sorgt, dass wir, bildlich gesprochen, tagein tagaus gackernd durch die Weltgeschichte laufen, anstatt unsere Flügel auszubreiten und das zu tun, wofür wir geboren wurden. In jedem von uns steckt ein „König der Lüfte", der nur darauf wartet, freigelassen zu werden, um sich endlich empor zu schwingen.

Das Unterbewusstsein und unsere Gesundheit

Nicht nur auf unser Handeln hat das Unterbewusstsein enorme Auswirkungen. Auch unsere Körperfunktionen sind enorm von dessen Gutdünken abhängig. Wenn unser Unterbewusstsein annimmt, das eine oder andere innere Organ funktioniere positiv oder negativ, was denken Sie, was dann passiert? Richtig. Dieses betreffende Organ wird sich abhängig von der Meinung des Unterbewussten entweder positiv oder negativ verhalten. Aus meiner Zeit im Krankenhaus kann ich mich noch gut daran erinnern, wie viele Patienten mit Beschwerden eingewiesen wurden, die sich letztendlich in Luft auflösten, nur um kurz darauf erneut mit völlig neuen Symptomen vorzusprechen. Krank ist in einem solchen Fall nicht der Organismus eines Betroffenen, sondern sein Unterbewusstsein, das den Körper schwächt. Es hat Versuche gegeben, Menschen, die man in einen hypnotischen Zustand versetzt hat, Glauben zu machen, sie würden von einer Zigarette verbrannt, obwohl man ihnen eigentlich nur einen Bleistift leicht auf die Haut drückte. Diese Probanden haben innerhalb kürzester Zeit tatsächlich Brandblasen an der betreffenden Stelle entwickelt, und das nur, weil ihr Unterbewusstsein fälschlicherweise annahm, real verletzt worden zu sein.

An diesem Beispiel können Sie erkennen, über welche Macht unser Unterbewusstsein verfügt. Seine Fähigkeiten sind praktisch unbegrenzt und völlig einzigartig. Während unser Bewusstsein dazu tendiert, öfter einmal eine Kleinigkeit auszulassen oder zu vergessen, besitzt das Unterbewusstsein ein geradezu bewundernswertes Erinnerungsvermögen, das völlig unbemerkt auch die kleinsten Details aus unserer Umgebung speichert. In dem Moment, in dem Sie dieses Buch lesen, registriert Ihr Unterbewusstsein über die Sinnesorgane alles, was sich in Ihrer Umgebung abspielt, und sorgt dafür, dass nur die wichtigsten Informationen zu Ihnen durchgelassen werden, damit Sie in Ruhe lesen können. Die Hauptaufgabe unseres Unterbewusstseins ist also die dringend notwendige Ergänzung und Entlastung unseres Bewusstseins. Wäre es nicht schön, eine solch mächtige Kraft zu seinen Freunden zählen zu können?

Das Ganze hat jedoch auch einen Haken.

So genial unser Unterbewusstsein in dieser Hinsicht auch zu funktionieren vermag, genauso leichtgläubig saugt es neue Informationen auf, ohne großartig nachzudenken, ob sie gut oder schlecht für uns sind. Wenn es eine Information ausreichend oft präsentiert bekommt, ist es stets ein guter Gastgeber und bietet ihr gerne einen gemütlichen Platz in der ersten Reihe an. Auf diese Art gelangen über die Jahre natürlich auch eine Unmenge störender Eindrücke in unser Innerstes, die uns empfindlich beeinträchtigen können.

Die Programmierung des Unterbewusstseins

„Ich bin so wie ich bin. Ich kann mich einfach nicht ändern." Haben Sie das schon einmal gesagt oder gedacht? Entspricht dies vielleicht Ihrer Ansicht?

Ich kann Sie beruhigen, denn beide Annahmen sind in jedem Fall falsch.

Wir werden zwar zufällig in ein bestimmtes soziales Umfeld hineingeboren, das unsere weiteren Lebenschancen beeinflusst, doch wird die Lebensqualität des Einzelnen besonders in späteren Jahren stark vom eigenen individuellen Denken und Fühlen bestimmt.

Mit einem festen Willen, dem Glauben an die eigene Kraft und Eigeninitiative ist es dem Einzelnen möglich, die Nachteile seiner Herkunft weitgehend auszugleichen.

Die meisten von uns werden zwar feststellen, dass sie sich in ihrer üblichen Routine mittlerweile so wohl fühlen, dass eine Veränderung unmöglich erscheint, doch entspricht dies zum Glück nicht der Wahrheit.

Sinnvolle Veränderungen sind niemals einfach. Es liegt in der Natur der Sache, dass Sie auf den einen oder anderen Widerstand stoßen werden, wenn Sie Ihre alten Gewohnheiten über Bord werfen wollen, doch kann es jeder von uns mit etwas Fleiß schaffen.

„Schlechte Angewohnheiten kann man nicht einfach aus dem Fenster werfen, man muss sie die Treppen herunterprügeln, Stufe für Stufe", hat schon der große Mark Twain vor langer Zeit erkannt.

Der Mensch wird mit einem unglaublichen Potenzial auf diese Welt geboren, das ihm erlauben würde, eine Unmenge wunderschöner Dinge zu realisieren. Das Problem besteht darin, dass wir später von unserer Umgebung bewusst oder unbewusst dahin erzogen werden, unser Potenzial brach liegen zu lassen, und die Fähigkeit zur Entfaltung immer mehr aus den Augen verlieren.

Vielleicht haben Sie folgende Äußerungen im Laufe Ihres Lebens auch einmal vernommen:

- Das wirst du nie lernen.
- Du stellst dich ja wirklich blöd an.
- Du bist genauso unzuverlässig wie dein Vater oder deine Mutter.
- Das schaffst du niemals.
- Wie kann man nur so dämliche Fragen stellen?
- Du sollst Erwachsenen nicht widersprechen.
- Antworte gefälligst, wenn du gefragt wirst.
- Die Ellenbogen gehören nicht auf den Tisch.

Usw. usw.

Wenn sich solche Aussagen oft wiederholen – und das tun sie in den meisten Fällen – passieren sie unser ermüdetes Bewusstsein ungehindert und prägen sich langsam aber sicher in unser zwar machtvolles aber naives Unterbewusstsein ein. Ohne darüber nachzudenken, handeln wir letzten Endes stets unter Rücksichtnahme auf diese Botschaften. Schließlich wissen wir ja, dass uns unsere Eltern oder andere uns nahe stehende Personen nicht absichtlich Schaden zufügen wollen. In der Tat meinen es diese Menschen auch nicht böse, doch geben sie uns ein ums andere Mal unbewusst ihre eigenen Einschränkungen mit auf den Weg, die sie irgendwann selber einmal vermittelt bekommen haben. Dieser Vorgang wiederholt sich in jeder Generation. Das Einzige, was bei diesem Trauerspiel über die Jahre wechselt, sind die Akteure. Das Resultat nennt man in der Psychologie eine „Programmierung des Unterbewusstseins". Genau diese wollen wir genauer betrachten.

Gesellschaftliche Programme

Das Kriterium für ein Programm ist dann erfüllt, wenn es automatisch abläuft, ohne dass wir nachdenken, bevor wir handeln. Eine Vielzahl von Programmen ist für das tägliche Leben natürlich unabdingbar. Ohne sie würden wir uns Tag für Tag in ernsthaften Schwierigkeiten befinden. Oder würden Sie mit bloßen Händen Eier aus dem kochenden Wasser holen? Oder mit eingeschaltetem Fön in die Badewanne steigen? Nein, natürlich nicht. Diese Art Programme sind essentiell wichtig und stellen eine notwendige Absicherung unserer Existenz dar.

Auch unser Sozialverhalten ist von Programmen bestimmt und hilft uns Tag für Tag dabei, uns in der Gesellschaft zurecht zu finden. „Bitte" und „Danke" sagen wir schließlich automatisch, wenn wir etwas fordern oder erhalten. Gerade die sozialen Programme können jedoch von Kultur zu Kultur stark variieren. Während man sich hierzulande bedankt, wenn man ein Geschenk überreicht bekommt, gibt es Länder, in denen das Programm der Höflichkeit gebietet, sofort ein neues Geschenk zu fordern. Das stellte ich während meiner beruflichen Tätigkeit im Ausland oft fest. Natürlich war ich zuerst unangenehm berührt, schließlich war mir soviel Unverfrorenheit noch nicht untergekommen, bis man mich dann darüber aufklärte. Hand aufs Herz, was würden Sie denken, wenn Ihr Besuch nach dem gemeinsamen Essen erst einmal lautstark aufstößt, um kurz danach einen heftigen „Darmwind" folgen zu lassen? Natürlich wären Sie entsetzt, weil man Ihnen dieses Programm – in diesem Fall wohl zum Glück – nicht mit auf den Weg gegeben hat. In Asien gehört es in manchen Ländern jedoch zum guten Ton. Es gibt bei diesen gesellschaftlichen Programmen also nicht immer ein „Richtig" oder „Falsch". Vielmehr existiert eine Vielzahl von Varianten, die von Kultur zu Kultur völlig unterschiedlich sein können.

Störende Programme

Doch wollen wir uns erst einmal auf die negativen, störenden Programme konzentrieren, um zu verstehen, was sich in unserem Inneren abspielt und dafür sorgt, dass wir nicht einmal ansatzweise in den Genuss kommen, unsere angeborenen Fähigkeiten zur Gänze zu nutzen. Diese Programme sind dafür verantwortlich, dass eine optimale Entfaltung unseres ursprünglichen Potenzials empfindlich gestört wird. Sie sind wie ein Virus in unserem Körper.

Stellen Sie sich einen Computer vor, der mit einer bestimmten Aufgabe konfrontiert wird, und Sie drücken auf „Enter", um das Ergebnis abzurufen. Anhand der Daten, die der Computer auf seiner Soft- und Hardware gespeichert hat, wird er Ihnen binnen Sekundenbruchteilen ein Ergebnis präsentieren. Ist das System jedoch fehlerhaft oder sogar virusbelastet, kann es vorkommen, dass Sie sehr merkwürdige Resultate erzielen. Genauso verhält es sich auch beim Menschen, wenn er in seinem Leben mit Situationen konfrontiert wird, die er in seinem Inneren verarbeitet, und auf die er im Ergebnis entsprechend reagiert.

Vom Grundsatz her ist der menschliche Organismus jedem Computer zwar haushoch überlegen, doch entsteht im Laufe unseres Lebens ein ähnlicher Effekt wie bei einem PC, der nur zum Briefe schreiben verwendet wird.

Stellen wir uns unsere Geburt also einmal als die Fertigstellung eines Supercomputers ungeahnten Ausmaßes vor, von Werk aus mit einer enorm großen Festplatte und einem gigantischen Arbeitsspeicher ausgestattet. Was nützt uns dieser Computer, wenn wir ihm nur fehlerhafte und minderwertige Software aufspielen? Kein Mensch würde das tun, weil es eine absolute Verschwendung und daher völlig sinnlos wäre. Und doch passiert es Tag für Tag in jedem Land der Welt.

Selbstverständlich würde jeder von uns solch ein Wunderwerk der Technik nur mit der besten Software versehen, damit das maximale Potenzial aus dem Computer herausgeholt werden kann. Und sollte sich einmal ein Virus eingeschlichen haben, würden wir alles tun, diesen zu eliminieren und der Maschine ihre vollen Möglichkeiten zurückzugeben. Es wäre doch allzu schön, wenn man bei einem Menschen ebenso vorgehen könnte.

Was sagen Sie: Glauben Sie, dies ist möglich?

Ich kann Sie beruhigen, es geht. Es ist nicht einmal schwer. Das Einzige, was Sie benötigen, ist der Wille, etwas ändern zu wollen.

Autosuggestion

Die Erfinder der modernen Autosuggestion, wie wir sie heute kennen, waren der Arzt Franz Anton Mesmer und der Apotheker Emil Coué, der Mesmers Erkenntnisse überarbeitete, vervollkommnete und zu dem Stellenwert verhalf, der ihnen gebührte. In ihren Anfängen wurde die Autosuggestion als ein Therapiemittel für Kranke entwickelt, als neuer Ansatzpunkt zu deren Genesung. Es war Coué, der diese Therapieform zur Wissenschaft erklärte. Schon sehr bald erzielte er bahnbrechende Erfolge mit Patienten jeglicher Couleur. Menschen, die von der Schulmedizin als unheilbar eingestuft wurden, genasen dank seiner Entdeckung bereits nach kürzester Zeit von ihren Gebrechen. Doch was bedeutet Autosuggestion wirklich?

Was sich so kompliziert anhört, ist ein ganz einfacher Vorgang, den jeder von uns ohne Probleme zu seinem Vorteil anwenden kann. Coué selbst definierte die Autosuggestion als „Einpflanzen einer Idee in sich selbst."

Wir wissen mittlerweile, dass unser Unterbewusstsein tagtäglich über unser Leben bestimmt, ohne dass wir es in den meisten

Fällen merken. Besonders die körperlichen Funktionen werden immens von unserem Unterbewusstsein beeinflusst und sind auf Gedeih und Verderb seinem Wohlwollen ausgeliefert. Naturvölker kennen dieses Phänomen schon seit Tausenden von Jahren und wenden es seit langem überaus erfolgreich bei ihren Patienten an. Für uns und unser alltägliches Leben birgt die Autosuggestion jedoch noch einen weiteren gewaltigen Vorteil.

Das Konzept der Autosuggestion kann man auch einsetzen, um seine störenden Schwächen in Stärken umzuwandeln und seinem Leben so eine völlig neue Qualität zu verleihen. Man muss hierzu nur das Unterbewusstsein überzeugen, eine Veränderung zum Guten anzustreben. Dieser Technik wollen wir uns in diesem Kapitel widmen. Was ihr zu Grunde liegt, ist ein Umstand, den wir zuvor schon einmal erwähnt haben, nämlich dass unser Unterbewusstsein trotz seiner extremen Macht über ein gewaltiges Manko verfügt: seine Naivität.

Was uns im bisherigen Leben zum Nachteil gereichte – weil wir durch jene Informationen, die unser Unterbewusstsein leichtgläubig aufnahm, um sie dann gegen uns zu verwenden – entscheidend behindert wurden, wollen wir jetzt zu unserem Vorteil werden lassen. Das Ziel ist, unser Unterbewusstsein dazu zu erziehen, unser Freund zu werden und uns bei unseren Aktivitäten zu unterstützen. All die Schwächen, die wir zuvor im ersten Kapitel aufgeschrieben haben, werden so auf einfache und effektive Weise in Stärken umgewandelt, um uns fortan im Leben zu unterstützen.

Wie treten wir aber in Kontakt mit unserem Unterbewusstsein, ohne von unserem Bewusstsein gestört zu werden?

Wir müssen nach einer Situation beziehungsweise einem geistigen Zustand suchen, in dem unser Bewusstsein möglichst inaktiv ist und von uns umgangen werden kann. Dieser Umstand ist zum

Beispiel dann gegeben, wenn wir müde werden und unser Bewusstsein nach Ruhe strebt, oder aber wenn wir uns in einer vollkommen entspannten Verfassung befinden. Ein gutes Beispiel hierfür ist unsere geistige Verfassung früh morgens nach dem Aufstehen oder abends vor dem Zubettgehen. Man kann diesen Zustand, den man im Volksmund auch als „schlaftrunken" kennt, durchaus mit einem Menschen vergleichen, der sein Bewusstsein durch übermäßigen Alkoholgenuss vorübergehend auf Kururlaub geschickt hat. Informationen, die in diesem Zustand auf uns einwirken, gelangen nahezu ungefiltert in unser Unterbewusstsein, um dort gespeichert zu werden. Wenn wir diesen Zeitpunkt abpassen und unserem Unterbewusstsein die richtigen Informationen geben, wird es diese annehmen und in unserem Interesse speichern.

Die Formulierung einer Suggestionsformel

Nehmen wir an, Sie haben zuvor Faulheit als Schwäche aufgeschrieben und wollen diese nun zu einer Stärke umwandeln. Viele Menschen begehen hier einen entscheidenden Fehler. Sie formulieren das Vorhaben folgendermaßen: „Ich möchte nicht mehr faul sein!" Mit dieser Formulierung kann Ihr Unterbewusstsein jedoch nichts anfangen. Schließlich will es nicht von Ihnen wissen, was Sie nicht wollen, sondern vielmehr ganz genau, was Sie wollen. Missachtet man diesen Umstand, kann dies zu einem kontraproduktiven Ergebnis führen, wie Sie gleich sehen werden. Stellen Sie sich einfach vor, Ihr Unterbewusstsein kennt keine Wörter wie „nicht", „kein" und „nie mehr" und überhört sie daher geflissentlich. Was bleibt da von Ihrem zuvor geäußerten Wunsch übrig? Aus „Ich möchte nicht faul sein!" würde Ihr Unterbewusstsein die Nachricht, „Ich möchte faul sein!" aufnehmen und umsetzen. Wollen Sie das? Natürlich nicht!

Teilen Sie Ihrem Unterbewusstsein also genauestens mit, was Sie wollen, damit Missverständnisse von vornherein ausgeschlossen werden. Das Gegenteil von Faulheit ist Fleiß oder der Wunsch nach Aktivität. Sie möchten also fleißig oder aktiv sein! Dies ist eine Aussage, die Ihr Unterbewusstsein in jedem Fall verstehen wird. Zuvor sollten Sie sich selbst noch einmal genau vor Augen führen, wie dieser Zustand des Fleißes oder der Aktivität für Sie aussieht. Beschreiben Sie diese neue Situation so lebendig wie möglich, und versuchen Sie, für sich ein möglichst klares Bild dieses Zustandes zu erstellen. Ihr Unterbewusstsein denkt in Bildern.

Sie können es nur dann überzeugen, Ihnen zu helfen, wenn es genau verstanden hat, wie der Zustand aussehen soll, den Sie zu erreichen gedenken. Führen Sie alle Gefühle und Verhaltensweisen an, die Ihnen spontan dazu einfallen, und schreiben Sie diese für jeden ihrer Änderungswünsche so präzise wie möglich auf. Benutzen Sie dabei so viele Farben und Sinneseindrücke wie möglich. Lassen Sie es so lebendig wie möglich in einem Film ablaufen.

Mein angestrebter Wunschzustand
sieht folgendermaßen aus:

1. Wunschzustand

_____

_____

_____

2. Wunschzustand

_____

_____

_____

3. Wunschzustand

_____

_____

_____

4. Wunschzustand

_____

_____

_____

5. Wunschzustand

_____

_____

_____

Herzlichen Glückwunsch an dieser Stelle von meiner Seite. Sie haben gerade einen wichtigen Schritt in Richtung Veränderung unternommen! Doch jetzt erst einmal weiter im Text.

Des weiteren ist es nämlich wichtig zu wissen, dass unser Unterbewusstsein lediglich eine Zeitform kennt und versteht: die Gegenwartsform. Der Wunsch „Ich möchte fleißig werden!" würde von ihm daher nicht verstanden werden. Die richtige Information an das Unterbewusstsein ist demnach: „Ich bin fleißig!" Auf folgende Kriterien müssen wir also achten:

1. Den Wunsch immer mit „Ich" beginnen!
2. Klar formulieren, was Sie wollen.
3. Immer die Gegenwartsform verwenden.

Eine geeignete Suggestionsformel, die ich in Anlehnung an Emil Coué gerne verwende und die ich Ihnen nahe legen möchte, lautet folgendermaßen: „Es geht mir jeden Tag in jeder Hinsicht immer besser und besser, und ich fühle, wie ich jeden Tag immer fleißiger und fleißiger werde." Mit dieser Formulierung schlagen Sie zwei Fliegen mit einer Klappe: Neben dem generellen Änderungsaspekt, der die Gesundheit mit einschließt, gibt Sie Ihnen zusätzlich die Möglichkeit, Ihrem eigenen speziellen Wunsch Ausdruck zu verleihen.

Sie müssen nur noch Ihre gewünschte Änderung im zweiten Teil der Formel einfügen, bevor Sie loslegen können.

Diesen Wunsch richten Sie ab heute zwei-, drei- am besten viermal täglich laut und deutlich an Ihr Unterbewusstsein. Das erste Mal, wenn Sie morgens aufstehen, dann, wenn möglich, mittags und nachmittags, und auf jeden Fall abends, bevor Sie zu Bett gehen. Sie beginnen mit dem ersten Wunsch und lassen sich vier Wochen Zeit, bevor Sie zum nächsten wechseln. Jeden ihrer Wünsche wiederholen Sie dabei einundzwanzig Mal. Dabei können Sie eine Schnur zu Hilfe nehmen, in die Sie eine entsprechende Zahl Knoten knüpfen. Während Sie sprechen, lassen Sie diese Schnur einfach Knoten für Knoten durch Ihre Finger laufen, bis Sie beim letzten angekommen sind. Wichtig für das Unterbewusstsein ist, dass der Wunsch in einer gleichbleibenden Tonart vorgetragen wird und sich während der gesamten Suggestion nicht verändert. Es gilt die Regel: Je monotoner, desto erfolgreicher! Sie können hierzu auch hervorragend ein Tonband verwenden, das Sie mit Ihrer Suggestionsformel besprechen und stets mit sich führen. Mit einem Kopfhörer versehen, können Sie sich überallhin zurückziehen und ungestört Ihre Autosuggestion durchführen. Wenn Sie jeder Ihrer Schwächen vier Wochen widmen, werden Sie erstaunt sein, wie sehr sich Ihr Leben zum Positiven wenden wird.

Mir selber sind die Veränderungen zuerst gar nicht aufgefallen. Erst als die Ernte meines geänderten Verhaltens auf mich niederprasselte, begriff ich, wie stark sie gewesen sein müssen. Besonders gut können dies Menschen erkennen, die Sie nicht so regelmäßig zu Gesicht bekommen und dadurch die Veränderung sehr viel deutlicher bemerken als ein Mensch, der Sie jeden Tag sieht. Freunde, die mich lange nicht gesehen haben, fragten mich bereits nach kurzer Zeit, was mir Positives zugestoßen sei, um solch eine Veränderung zu bewirken. Allein die gesundheitlichen Verbesserungen, die ich während dieser Zeit durchlebte, waren absolut bahnbrechend. Seit meiner Kindheit litt ich mindestens zweimal im Jahr an einer wirklich schmerzhaften und demoralisierenden Stirnhöhlenvereiterung, die mich dazu zwang, mindestens ein paar Tage des Jahres im Bett zu verbringen. Wer mich kennt, weiß, was dies bedeutet. Auf Anraten meines Arztes wollte ich mich bereits freiwillig unter das Messer legen, um endlich Linderung zu erfahren, als mich meine Mutter einige Zeit nach Beginn meiner ersten Suggestionsübungen fragte: „Hattest du dieses Jahr überhaupt schon deine übliche Stirnhöhlenvereiterung?" Ich musste kurz nachdenken, bevor mir klar wurde, dass ich in der Tat noch keinerlei Beschwerden gehabt hatte und diese seitdem auch nie wieder aufgetaucht sind. Vollkommen verschwunden sind auch die anderen lästigen kleinen Krankheiten, wie grippale Infekte und ähnliches. Seit dem Beginn meiner Autosuggestionsübungen bin ich überhaupt nicht mehr krank gewesen!

Nachdem ich damals meine Schwächen mit der obigen Formel bearbeitet hatte, benutze ich mittlerweile immer noch eine leicht abgeänderte Form der Couéschen Suggestionsformel „Es geht mir jeden Tag in jeder Hinsicht immer besser und besser." Ich habe sie einfach durch „und ich erreiche alle meine Ziele" ergänzt. Schieben Sie Ihre erste eigene Autosuggestionssitzung also nicht auf die lange Bank. Beginnen Sie sobald wie möglich damit, deren positive Kräfte auch für sich einzusetzen!

Short Stories zum Thema

/ Der Farmer

Seitdem Tom denken konnte, war es schon immer sein Traum gewesen, eines Tages eine eigene Farm mit großem Weideland zu besitzen.

So oft er konnte, schaute er sich daher die Sendung Bonanza im Fernsehen an und stellte sich vor, selber einmal stolzer Besitzer einer Ranch wie der Ponderosa *zu sein*

Toms Eltern hatten jedoch nicht einmal genug Geld, um ihm einen regelmäßigen Reitunterricht finanzieren zu können, ganz zu schweigen von einer eventuellen Starthilfe zum späteren Erwerb einer eigenen Farm.

Aus diesem Grund war er schon als kleiner Junge darauf angewiesen, die Ställe einer benachbarten Farm auszumisten, um seinen geliebten Pferden irgendwie nahe zu sein und sich zusätzlich ein kleines Taschengeld zu verdienen.

Als der Lehrer den Schülern eines Tages die Aufgabe stellte, aufzuschreiben, was sie gerne sein möchten, wenn sie erwachsen sind, stand für Tom das Thema seines Aufsatzes sofort fest.

Die ganze Nacht lang schrieb er alles über seinen Traum einer eigenen Pferdefarm nieder. Der Aufsatz hatte mehr als sieben Seiten als Tom endlich fertig war. Zusätzlich zeichnete er sogar noch einen Plan vom Grundriss des Geheges, damit er es dem Lehrer besser veranschaulichen konnte.

Tom hatte all sein Herz in die Gestaltung dieses Aufsatzes gelegt. Es war daher nur allzu verständlich, dass er vor Stolz fast platzte, als er seinem Lehrer am nächsten Tag endlich sein fertiges Werk überreichen konnte.

Zwei Tage später teilte dieser die benoteten Aufsätze wieder an seine Schüler aus. Tom schaute sofort voller Zuversicht auf seine Arbeit.

*Zu seiner großen Überraschung zierten jedoch weder ein „sehr gut"
oder „gut" seinen Aufsatz. Stattdessen verunstaltete ein großes „durch-
gefallen" sein Werk.*

*Nachdem die Stunde zu Ende war, machte er sich daher auf den Weg zu
seinem Lehrer, um ihn nach einer Begründung für die Benotung zu fragen.*

*„Warum habe ich eine 6 für meine Arbeit erhalten?" wollte er von
diesem wissen.*

*„Der Grund ist, dass alle deine Ziele unrealistisch sind. Du hast kein
Geld. Deine Familie ist bettelarm, und du verfügst über keinerlei Talente.*

*Eine Farm zu besitzen, kostet jedoch eine Menge Geld. Du musst das
Land kaufen, die ersten Zuchtpferde bezahlen und dann regelmäßig für
deren Versorgung aufkommen. Ganz zu schweigen von den Personalkos-
ten, die ich noch gar nicht eingerechnet habe. Wenn du den Aufsatz jedoch
noch einmal neu schreibst und diesmal über ein für dich realistisches Ziel
referierst, werde ich mir die Note noch einmal überlegen."*

*Niedergeschlagen ging Tom nach Hause und dachte lange über das
nach, was der Lehrer ihm heute erzählt hatte.*

*Nachdem Tom eine Woche über das Problem nachgedacht hatte, gab
er dem Lehrer den Aufsatz zurück.*

Er hatte keinerlei Veränderungen vorgenommen.

*„Sie können die 6 gerne behalten, Herr Lehrer, aber ich werde dafür
meinen Traum behalten."*

*Der Pädagoge war verblüfft über die Reaktion seines Schülers und
nahm die Arbeit wortlos entgegen. Zwar musste er auch später noch oft
an die Reaktion des Heranwachsenden denken, doch verblasste diese mit
der Zeit immer mehr, bis er sich irgendwann gar nicht mehr daran erinnern konnte.*

*Jahre später befand sich der Lehrer mit einer seiner späteren Schulklassen
auf einem Ausflug zu einer der größten Farmen der Umgebung, um den*

Kindern dort einen Eindruck vom wirklichen Landleben vermitteln zu können. Als er den Besitzer der Ranch auf sich zukommen sah, stockte ihm fast der Atem. Lange hatte er dieses Gesicht nicht mehr gesehen, doch erkannte er Tom sofort an seinem unverwechselbaren Lächeln.

Zusammen gingen sie in sein Büro, um die Formalitäten zu erledigen, als dem Lehrer ein eingerahmtes Schriftstück über dem Schreibtisch auffiel, das ihn tief schlucken ließ, als er es erkannte.

Es war jener Aufsatz, den er selbst damals mit 6 benotet hatte, um seinen ehemaligen Schüler auf den Boden der Tatsachen zurückzuholen. \

/ Der Kraftwettbewerb (Der Autor)

Der Körperkult unserer heutigen Zeit fand bereits vor vielen Jahren im kalifornischen Venice Beach *seinen Ursprung, von wo er sich über die gesamte Welt ausbreitete.*

Bereits in den 60er Jahren wurden dort, am so genannten Muscle Beach, *Hanteln am Strand installiert, um der Bevölkerung die Möglichkeit zu geben, in angenehmer Atmosphäre trainieren zu können.*

Schon bald entwickelten sich im Rahmen des neuen Lebensgefühls auch die ersten Wettbewerbe zwischen den einzelnen Kraftsportlern, wobei das Bankdrücken eine ganz besondere Position einnahm. Die Gewichte, die die Athleten bis Mitte der 70er Jahre bewältigten, wurden schnell immer größer, doch hielt die Entwicklung bei der Last von 500 amerikanischen Pfund auf einmal an. Die physiologische Grenze für all die vielen Kraftsportler schien hier endgültig erreicht worden zu sein.

Jahrelang gelang es keinem der Athleten, diese 500 Pfund zur Strecke zu bringen. Einige von ihnen waren zwar in der Lage, 490 Pfund und manchmal sogar 495 Pfund zu meistern, doch scheiterte jeder von ihnen stets an der magischen 500-Pfund-Barriere.

Die Jahre vergingen, und es wurde wieder einmal einer der zahlreich gewordenen Kraftwettbewerbe in einer kalifornischen Stadt abgehalten.

Einer der vielen Athleten, die bisher bereits mehrmals an den 500 Pfund gescheitert waren, beschloss bei dieser Gelegenheit, sich noch einmal an den 495 Pfund zu versuchen, und begann langsam mit seinem Aufwärmtraining.

Als er aufgerufen wurde, machte er sich auf den Weg zur Wettkampfbühne, wo er das aufgelegte Gewicht von 495 Pfund ohne große Probleme direkt im ersten Versuch bewältigte.

Voller Freude über den geglückten Versuch wartete er auf den endgültigen Entscheid der Schiedsrichter, die noch einmal das genaue Hantelgewicht überprüfen wollten, bevor sie ihm ihr endgültiges OK für seine Leistung attestieren wollten.

Nach fünf Minuten Wartezeit vernahm der Athlet allerdings ein leises Raunen, das sich von den Kampfrichtern ausgehend auf das Publikum übertrug. Als sich dann der Hauptkampfrichter auf den Weg zum Mikrofon machte, wurde es still in der Arena. „Meine Damen und Herren, leider haben wir beim Auflegen des Gewichts einen Fehler gemacht, den wir jetzt an Ort und Stelle melden wollen. Anstatt 495 Pfund haben wir versehentlich 505 Pfund für den Athleten aufgelegt. Es handelt sich bei dem geglückten Versuch demnach um einen neuen gültigen Weltrekord."

Ohne es zu wissen, hatte der Wettkämpfer also mehr Gewicht bewältigt, als er angenommen hatte, und somit eine geistige Barriere überwunden, die jahrelang in den Köpfen der Aktiven existierte.

In den darauffolgenden Wettkämpfen sollten noch viele seiner Kollegen, die vorher bereits mehrmals an den 500 Pfund gescheitert waren, seinem Beispiel folgen.

Sie alle waren praktisch über Nacht ebenfalls in der Lage, dieses vorher als unbezwingbar geltende Gewicht zu meistern.

Eine neue Ära war angebrochen. \

Zitate zum Thema

„Wenn wir all die Dinge tun würden, zu denen wir im Stande sind, würden wir uns sprichwörtlich über uns selber wundern."
(Thomas A. Edison)

„Das beste Mittel gegen Verdrossenheit ist, sich selber zu motivieren."
(Richard von Weizsäcker)

„Ein Schiff im Hafen ist sicher, aber das ist nicht der Zweck, wozu Schiffe gebaut wurden."
(Quelle unbekannt)

„Es bedarf nur eines Anfangs, dann erledigt sich das übrige."
(Caius Sallutius Crispus)

„Auch wenn du dich auf der richtigen Bahn befindest, wirst du überlaufen werden, wenn du nur herumsitzt."
(Will Rogers)

„Glücklich, wer seinen Beruf erkannt hat.
Er verlangt nach keinem anderen Glück."
(Thomas Carlyle)

„Chancen werden von den meisten Menschen übersehen, weil sie einen Overall tragen und nach Arbeit riechen."
(Thomas A. Edison)

„Wir sind nicht nur verantwortlich für das, was wir tun, sondern auch für das, was wir nicht tun."
(Voltaire)

„Gut getan ist besser als gut gesagt."
(Benjamin Franklin)

„Ewiges Zögern lässt nie etwas zustande kommen."
(Demokrit)

„Was wäre das Leben schon wert, wenn wir nicht den Mut hätten, alles zu versuchen?"
(Vincent van Gogh)

„Wenn man nicht weiß, wohin man geht, landet man irgendwo anders."
(Lawrence J. Peters)

„Der eigentliche Zweck des Lebens ist nicht das Wissen, sondern das Handeln."
(Herbert Spencer)

„Alles, was die Menschen in Bewegung setzt, muss durch ihren Kopf hindurch, aber welche Gestalt es in diesem Kopf annimmt, hängt sehr von den Umständen ab."

(Friedrich Engels)

„Warte nicht auf das Schiff, bis es im Hafen angelegt hat, sondern schwimm ihm entgegen."

(Quelle unbekannt)

„Aerodynamisch gesehen ist das Design einer Hummel ein einziges Desaster. Zu viel Gewicht. Eine zu geringe Spannweite. Eigentlich dürfte sie nicht fliegen können. Aber sie tut es."

(Mark Twain)

„Eine Angewohnheit kann man nicht aus dem Fenster werfen, man muss sie die Treppe herunterprügeln, Stufe für Stufe."

(Mark Twain)

„Aus schlaffem Bogen fliegt kein Pfeil."

(Publius Ovidius Naso, Ovia)

„Tu was du kannst, mit dem was du hast, wo immer du bist."

(Theodor Roosevelt)

„Achtzig Prozent des Erfolges besteht darin, da zu sein."

(Woody Allen)

„Man entdeckt keine neuen Kontinente, ohne den Mut zu haben, alte Küsten aus den Augen zu verlieren."

(Andre Gide)

„In einem beliebigen Punkt der Entscheidung ist das Beste, was du tun kannst, die richtige Wahl zu treffen. Das Schlechteste, was du tun kannst, ist gar nichts zu tun."

(Theodor Roosevelt)

„Als Kinder haben wir gelernt, aufrecht zu gehen. Später haben wir es dann wieder verlernt."

(Ernst Bloch)

„Wohin wir auch blicken, überall entwickeln sich Chancen aus den Problemen."

(J. D. Rockefeller)

„Erfolg hat nur der, der etwas tut, während er auf den Erfolg wartet."

(Thomas A. Edison)

„Die Zukunft gehört jenen, die an die Schönheit ihrer Träume glauben."

(Eleanor Roosevelt)

II. Teil

Die Macht positiven Denkens und Handelns

„Nichts ist gut oder schlecht,
erst das Denken macht es zu dem."

(Alte chinesische Weisheit)

Eine Frage des Blickfeldes!

Wie nehme ich meine Umwelt wahr?

Wie steht es um Ihr Glas, ist es in der Regel eher halb voll oder doch bereits halb leer? Jeder von Ihnen wird dieses Beispiel bereits mehr als einmal in seinem Leben gehört haben. Das schöne an dieser Frage ist, dass man unabhängig von der Antwort auf jeden Fall Recht behält, denn es gibt keine richtige oder falsche Interpretation dieses Umstandes. Wir alle leben auf dem gleichen Planeten, und es ist einzig und allein unsere innere Einstellung, die darüber entscheidet, wie wir unsere Umwelt wahrnehmen und welche Realität wir uns auf diese Art schaffen.

Die Frage, die wir uns stellen müssen, lautet daher vielmehr, welche Interpretation für uns und unsere Sicht der Dinge die vorteilhafteste wäre. Die Antwort, die jeder Einzelne gibt, spiegelt demnach seine innerste Haltung wider, nach der er seine Umwelt betrachtet. In unserem Leben tauchen vergleichbare Situationen jeden Tag aufs Neue auf und warten darauf, von uns wahrgenommen und interpretiert zu werden.

Wir alle leben in der gleichen Welt, und es hängt lediglich von unserer Wahrnehmung ab, wie wir sie erleben. Das, was um uns herum in unserer Welt geschieht, ist für jeden Menschen gleich. Was den feinen Unterschied ausmacht, ist unsere Wahrnehmung dieser Ereignisse. Es liegt ganz und gar in unserer Macht, ob wir unsere Umgebung durch unsere Denkweise als einen positiven, energievollen Ort erkennen oder ob wir uns von dem vermeintlich schlechten Aspekten übermannen lassen und daraus unser Weltbild kreieren.

In meinem Urlaub habe ich schon oft Menschen gesehen, die nicht fähig waren, die schönste Zeit ihres Jahres zu nutzen. Wie Detektive machten sie sich jeden Tag auf die Suche nach neuen Makeln, über die sie sich aufregen konnten und über die sie mit hochrotem Kopf bei jeder Gelegenheit diskutierten. Während ich meinerseits einen wunderschönen Urlaub verbrachte und in aller Ruhe Energie tanken konnte, erlebten diese Menschen ihre Ferien als die Hölle auf Erden. Obwohl wir also alle im gleichen Land, in der gleichen Stadt und dem gleichen Hotel abgestiegen waren, erlebten wir die Dauer unseres Aufenthaltes vollkommen unterschiedlich. Was denken Sie persönlich, wer erholter aus dem Urlaub zurückgekommen ist?

Sieht man einmal davon ab, dass positiv denkende Menschen meist gesünder und länger leben als die vielen Schwarzseher, verfügen sie außerdem noch über einen weiteren entscheidenden Vorteil.

Positiv eingestellten Menschen widerfahren im alltäglichen Leben auch sehr viel häufiger positive Dinge als negativ eingestellten Personen. Im Gegensatz zu den Pessimisten unserer Gesellschaft ziehen sie die schönen Dinge des Lebens förmlich an.

Sowohl im privaten als auch im geschäftlichen Bereich haben Optimisten daher meist sehr viel mehr Erfolge vorzuweisen als ihre Berufskollegen. Was aber müssen wir tun, um positiv zu denken?

Gründe, um glücklich zu sein

Jeder Mensch fühlt sich einmal schlecht, doch sollte sich dies in einem normalen Rahmen halten. Danach muss man nach Lösungen suchen. Besonders in den USA quellen die Praxen der Psychotherapeuten über von Menschen, die zwar regelmäßig das Gespräch mit ihrem Therapeuten suchen, jedoch tief in ihrem Innersten gar nicht den Wunsch haben, nachhaltig eine Besserung zu erfahren. Ihnen gibt allein die regelmäßige Anwesenheit beim Therapeuten ein Gefühl der Zufriedenheit. Sollte die eine Therapie doch einmal erfolgreich abgeschlossen werden, so etablieren sie schnellstmöglich ein neues Thema, über das sie während der Sitzungen reden können.

Über folgende Fragen sollten Sie sich einmal Gedanken machen:

Was macht mich gerade glücklich in meinem Leben, oder worüber könnte ich glücklich sein?

_____

_____

_____

_____

Wofür bin ich dankbar in meinem Leben?

_____

_____

_____

_____

Worauf freue ich mich in meinem Leben?

_____

_____

_____

_____

_____

Was fühlen Sie, wenn Sie sich diese Gründe durchlesen?

Fertigen Sie von dieser Liste zwei Kopien an. Eine davon führen Sie stets mit sich und besitzen so die Möglichkeit, diese von Zeit zu Zeit durchzulesen. Hängen Sie die andere an einer Stelle in Ihrem Haus so auf, dass Sie Ihnen mindestens einmal am Tag in die Augen fällt. Ich empfehle Ihnen, sich zu diesem Zweck eine Erfolgswand einzurichten, an der Sie diese Gründe befestigen können, zum Beispiel in Ihrem Arbeitszimmer.

Die innere Einstellung positiver erfolgreicher Menschen

Die Relativität des Erfolges

Haben Sie sich schon einmal überlegt, was genau einen erfolgreichen von einem erfolgsarmen Menschen unterscheidet? Gibt es ein Patentrezept, das man befolgen kann, um automatisch erfolgreich zu werden? In diesem Kapitel werden wir versuchen, dieser Frage auf den Grund zu gehen.

Wenn wir über Erfolg reden, ist es in jedem Falle erst einmal wichtig, genau zu klären, was Erfolg für uns bedeutet.

In meinen Seminaren habe ich schon viele Menschen kennenlernen dürfen, die, gemessen an normalen menschlichen Maßstäben, überaus erfolgreich waren. Spontan fällt mir das Beispiel eines Mannes ein, der es als Selbstständiger geschafft hatte, eine wirklich ausgezeichnete Geschäftsidee umzusetzen und nach ihrem Prinzip ein florierendes Unternehmen zu gründen. Er verfügte über eine Vielzahl von hoch motivierten Mitarbeitern, die alle angesteckt von seiner Energie mit Freude ihrer Arbeit nachgingen. Dieser Geschäftsmann verdiente mehr als 1 Mio. Euro im Jahr und wohnte mit seiner wundervollen Frau und seinen zwei Kindern in einem wahren Traumhaus, wie ich bei einem privaten Besuch selbst feststellen konnte. Trotzdem war dieser Mensch vollkommen unzufrieden mit sich und seinem Leben.

Sein erklärter Wunsch, den er während des Seminars als erste

Priorität schriftlich festgehalten hatte, war, endlich erfolgreich zu werden. Ich denke, den meisten von uns fällt es schwer, dies zu verstehen. Meine erste Frage war natürlich, was genau er unter Erfolg verstehe, um mehr über seinen Glaubenssatz zu erfahren, der ihn daran hinderte, erfolgreich zu sein. „Ich brauche mindestens doppelt soviel Einkommen, damit ich ein gutes Gefühl hätte," antwortete er mir. „Außerdem hätte ich gerne ein Haus in Spanien, in dem ich meinen Urlaub mit meiner Familie verbringen kann."

Ist es nicht verrückt, einen Menschen zu treffen, der so gut wie alles hat, was man sich nur erträumen kann, und der trotzdem unglücklich ist? In unserer Gesellschaft existieren unendlich viele Beispiele solchen Denkens. *Viele auf den ersten Blick erfolgreiche Menschen sind tief in ihrem Herzen unzufrieden mit ihrer Situation.* Jeder Außenstehende sieht den Erfolg auf den ersten Blick. Nur die Person selbst ist unfähig, ihn zu erkennen.

Das krasse Gegenteil ist ein Mensch, der völlig zurückgezogen in den Wäldern Alaskas lebt und mit einem Minimum an Geld und Luxus zurechtkommt. Trotzdem sagt er von sich: „In meinen Augen bin ich erfolgreich und glücklich." Die entscheidende Frage, um die es hier geht, ist nämlich eine vollkommen andere:

Es ist weniger wichtig, was ein Mensch haben will. Vielmehr zählt, was er damit in Verbindung bringt, wenn er es hat.

Was, glaubt er, wird sich ändern, wenn er sein Ziel erreicht hat. Als sich zum Beispiel dem Geschäftsmann die entscheidende Frage stellte, was er sich davon versprechen würde, wenn er sein Einkommen verdoppelte und sein Haus im Süden besäße, antwortete er mir: „Es würde mir ein Gefühl der Sicherheit geben." Sicherheit war also das beherrschende Thema in seinem Fall, und die materiellen Aspekte nur ein Werkzeug, um diese zu erlangen. Den Menschen ist es vollkommen egal, was sie bisher erreicht haben, sie werden immer einen Grund finden, um unglücklich zu sein.

Der Aussteiger in den Wäldern Alaskas antwortete auf meine Frage nach seinem Gefühl des Erfolges mit folgendem Glaubenssatz: „In meinen Augen ist es ein unglaublicher Luxus, morgens aufzustehen und die Schönheit der Natur bewundern zu dürfen. Es gibt mir ein Gefühl der Freiheit, das ich nicht mehr missen möchte."

Sein beherrschendes Thema, für das er in der Natur die Lösung fand, war also Freiheit, und Alaska wiederum das Instrument, das sie ihm verschaffte.

Ich persönlich habe während meines beruflichen Aufenthaltes in Afrika gelernt, was Glück bedeuten kann. Jeden Sonntag verbrachte ich dort an einem wunderschönen Strand, der auf einer Landzunge gelegen nur mit dem Motorboot zu erreichen war. Sobald wir dort anlegten, kamen die Bewohner des nahegelegenen Dorfes auf unser Boot zugerannt und halfen uns, unsere schweren Taschen zu ihren provisorisch gezimmerten Sonnenschirmen zu tragen, für die sie einen geringen Betrag an Miete verlangten. Einer der Bewohner war mir mit der Zeit besonders ans Herz gewachsen, unter anderem weil er die Fähigkeit besaß, mindestens neunzig Prozent der Zeit ein Lächeln auf dem Gesicht zu tragen, das ihn ungemein sympathisch machte. Den ganzen Tag verbrachte er am Strand, zusammen mit seinen Freunden und seiner Familie. Wenn man irgendetwas brauchte, musste man nur kurz rufen, und er kümmerte sich umgehend um den Wunsch. Irgendwie hatte ich das Gefühl, ihm etwas wiedergeben zu müssen, z. B. in Form eines guten Rates, wie er sein Geschäft erfolgreicher machen könnte. Ich fragte ihn daher, ob er sich darüber schon einmal Gedanken gemacht hätte. „Nein, eigentlich nicht," antwortete er mir und schüttelte den Kopf. „Hast du schon einmal überlegt, die provisorischen Sonnenschirme durch feste Hütten zu ersetzen?" wollte ich daraufhin von ihm wissen. Wiederum erntete ich ein Kopfschütteln als Entgegnung. „Du könntest aber sehr viel mehr Geld verdienen, wenn du diesen Service anbieten würdest," erklärte ich ihm daraufhin. „Höchstwahrscheinlich würde sich dies auch herumsprechen und neue Touristen anziehen, die wiederum gutes Geld bezahlen." Mein junger Freund schaute mich interessiert an. „Gefallen dir die Sonnenschirme nicht?", wollte er von mir wissen? „Doch, natürlich gefallen sie mir," antwortete ich wahrheitsgemäß, „aber du könntest mehr Geld für sie verlangen, wenn sie schöner aussehen würden." Verständnisvoll nickte er mit dem Kopf. „Was würdest du denn tun, wenn du soviel Geld verdient hättest, dass du nicht mehr arbeiten müsstest?" wollte ich von ihm wissen. Mein Freund hielt kurze Zeit inne, bevor er mir mit einem Strahlen in seinen Augen erwiderte: „Ich würde den ganzen Tag mit meiner Familie und meinen Freunden am Strand verbringen."

Diese Lektion habe ich mein Leben lang nicht vergessen. Besonders nach meiner Rückkehr nach Europa musste ich noch oft an diesen Menschen denken und an das glückliche, sorgenfreie Leben, welches er führte. Wie oft jagen wir ach so gebildeten Menschen der ersten Welt einer wahnwitzigen Vorstellung von Glück hinterher und bemerken nicht, dass wir bereits alles besitzen, um glücklich zu sein.

Es ist daher wichtig, darüber nachzudenken, was sich hinter unserem oftmals vorhandenen Streben nach materiellen Alibis wirklich verbirgt, um an den wahren Kern unseres Innersten, unser eigentliches Motiv, zu gelangen.

Was muss für Sie persönlich passieren, damit Sie sich erfolgreich fühlen? Was haben Sie davon, wenn Sie Ihre persönlichen Alibis erreicht haben? Nach welchen Motiven streben Sie wirklich in Ihrem Leben?

Merke: *Sie wollen nicht das Geld oder das Auto (Alibis), son-*
dern vielmehr das, was sie dadurch erlangen (Motive).

Was hätten Sie für einen Vorteil, wenn Sie Ihre Ziele
(Alibis) wie Geld, Auto oder Ihr Haus erreicht haben?

1. Alibi

_____

_____

Motive

_____

_____

2. Alibi

_____

_____

Motive

_____

_____

3. Alibi

_____

_____

Motive

_____

_____

4. Alibi

_____

_____

Motive

_____

_____

5. Alibi

_____

_____

Motive

_____

_____

Aha, langsam kommen wir der Sache näher. Wir befinden uns in jedem Fall auf einem guten Weg, den es jetzt strikt zu verfolgen gilt. Lassen Sie uns Ihre wahren Beweggründe also noch ein bisschen genauer einkreisen, um mehr über Ihre Alibis und Motive herauszufinden. Dazu ist es wichtig, dass Sie sich über die folgenden Fragen bitte genauestens Gedanken machen und sie gewissenhaft beantworten:

1. Was ist für mich das Wichtigste in meinem Leben?

_____

_____

_____

_____

2. Was möchte ich am meisten vermeiden?

_____

_____

_____

_____

_____

3. Was muss passieren, damit ich mich erfolgreich, geliebt und glücklich fühle?

_____

_____

_____

_____

_____

Und wie denken Sie jetzt über den Wert Ihrer Alibis, wenn Sie sich Ihre bisherigen Angaben so anschauen? Hat sich in Ihrem Denken etwas verändert?

Nehmen Sie sich auch die Zeit, Ihre Erkenntnisse kurz niederzuschreiben, denn sie sind es in jedem Falle wert, beachtet zu werden.

_____

_____

_____

_____

_____

_____

_____

Der Glaube an das eigene Potenzial

Die Entwicklung eines erfolgreichen Selbstbildes

Jeder von uns hat in seinem Leben sowohl Siege als auch Niederlagen zu verzeichnen gehabt.

Das Problem, dem sich die meisten von uns gegenüber sehen, ist der Umstand, dass die positiven Dinge über die Jahre in Vergessenheit geraten sind, während die negativen im Gedächtnis hängen blieben. Was nützt es Ihnen, wenn Sie sich Zeit Ihres Lebens von Ihren negativen Erinnerungen beeinflussen und bremsen lassen? Absolut nichts, es ist sogar mehr als schädlich, wenn Sie diese destruktive Denkstruktur beibehalten. Nur weil Sie in der Vergangenheit ein paar Mal versagt haben, bedeutet das schließlich noch lange nicht, dass Sie dies in Zukunft auch zu tun gedenken. *Die Vergangenheit ist nicht gleichzusetzen mit der Zukunft!* Wenn Sie einen Weg finden, um das Bild des Verlierers in das eines Gewinners zu transformieren, dann verfügen Sie jederzeit über die Kraft weiterzumachen. Menschen, die sich vorstellen, erfolgreich zu sein, werden diesen Glauben in die Realität umsetzen. Personen hingegen, die das Selbstbildnis des ewigen Verlierers entwickelt haben, werden dem Misserfolg schon an der nächsten Straßenecke zielsicher wieder über den Weg laufen. Meist wurzelt dieses Verhalten in dem Bild, das wir uns tagtäglich von uns selbst machen und das wir als Wahrheit akzeptiert haben. Um eine nachhaltige Veränderung zu erleben, müssen wir daher als erstes unser Selbstbild neu gestalten und der wahren Realität anpassen. Es ist von größter Wichtigkeit, dass Sie sich auch Ihre Erfolge in aller Deutlichkeit ins Bewusstsein holen, um zu erkennen, was für ein wunderbarer Mensch in Ihnen steckt. Schreiben Sie diese positiven Leistungen Ihres Lebens daher einmal auf und führen Sie sich diese zu Gemüte:

Auf die folgenden Leistungen in meinem Leben kann ich stolz sein

_____

_____

_____

_____

_____

_____

_____

_____

Lesen Sie sich Ihre Leistungen noch einmal gründlich durch, bevor Sie fortfahren. Wie haben Sie sich gefühlt, als Sie diese Dinge vollbracht haben?

Ja richtig, dass sind *Sie*, der all diese Dinge zu Stande gebracht hat! Hat es solch ein Mensch verdient, sich von den Fehlleistungen seines Lebens beeinflussen und bremsen zu lassen? In meinen Seminaren benutze ich an dieser Stelle gerne das Beispiel vom Tiger und dem ängstlichen Kätzchen. Solange Sie sich von den unwichtigen negativen Erfahrungen Ihrer Vergangenheit leiten lassen, wird Ihre Leistung niemals die eines kleinen ängstlichen Kätzchens übertreffen. In Ihnen steckt jedoch bedeutend mehr. Ich meine damit den mutigen riesigen sibirischen Tiger, der in Ihnen schlummert und nur darauf wartet, aufgeweckt zu werden. Ihm ist es egal, ob er im Laufe seines Lebens den einen oder anderen Rückschlag einstecken durfte. Geschehen, registriert, abgehakt, und weiter im Text, ist sein Motto, weil er sich seiner ungeheuren Kraft genau bewusst ist. Ich selber habe meine Leistungen der Vergangenheit lange Zeit an die Wand über meinem Schreibtisch gehängt, und den anderen Zettel bei mir getragen, um niemals zu vergessen, was ich in meinem Leben bereits geleistet habe. Für den Anfang würde ich Ihnen auf jeden Fall empfehlen, das Gleiche zu tun, bis Ihnen die Leistungen so sehr im Gedächtnis haften, dass sie Ihnen in Fleisch und Blut übergegangen sind. Nehmen Sie den Zettel mit Ihren leistungen der Vergangenheit und hängen Sie Ihn neben Ihre Glücksgründe and die Erolgswand, damit Sie diese stets vor Augen haben. Erstellen Sie also sobald wie möglich Ihre persönliche Erfolgswand (s. S. 62), an der Sie nun Ihre Leistungen der Vergangenheit aufhängen, damit Sie diese stets vor Augen haben.

Das Ankern positiver Geisteszustände auf Grundlage von NLP

Die Wissenschaft des NLP (Neurolinguistisches Programmieren) wurde in den 70er Jahren von Richard Bandler und John Grinder entwickelt. Die beiden hatten es sich zur erklärten Aufgabe gemacht, herausragende menschliche Leistungen zu hinterfragen und eine Erklärung für deren Ursachen zu bekommen. Was unterscheidet diese Menschen vom breiten Mittelmaß? Woher kommt es, dass der eine Mensch begeistert ist und nahezu alles erreicht, was er sich vornimmt, während die breite Masse in der Bedeutungslosigkeit versinkt? Was sind die inneren und äußeren Bausteine, die ein Erfolgserlebnis begleiten und dafür sorgen, den Menschen zu Höchstleistungen zu beflügeln? Jeder von uns hat diese Erfolgserlebnisse in seiner Vergangenheit bereits gehabt, wenn ihm etwas Außergewöhnliches gelungen ist. Die Frage ist, was genau wir in diesen Momenten getan haben? Wie war unsere Einstellung, unser Denken und unser Verhalten? Wenn wir dies herausfinden und auf Abruf zur Verfügung stellen, ist es uns möglich, diese Erlebnisse zu wiederholen und unserem Leben so eine völlig neue Qualität zu verleihen. In diesem Kapitel wollen wir uns hierzu der Technik des „Ankerns" widmen, um genau diese Grundvoraussetzung zu schaffen. „Einen Anker werfen" bedeutet im herkömmlichen Sinne, eine Bewegung zum Stillstand kommen zu lassen, um dort zu verweilen, wo man gerade ist. Das Problem der meisten Menschen besteht darin, dass sie, wenn auch unwissend, zwar bereits über Anker verfügen, diese jedoch an den falschen Stellen ins weite Meer des Erfolges geworfen haben. Wie wir zuvor festgestellt haben, hat jeder Mensch in seinem Leben bereits exzellente Höchstleistungen vollbracht, und genau an diesen Zeitpunkt wollen wir uns zurückversetzen, um dort einen Anker zu werfen.

Wir beginnen mit der ersten unserer Höchstleistungen und stellen uns hierzu folgende Fragen:

Wo waren Sie in dieser Situation, als Sie das Erfolgserlebnis hatten? Wie haben Sie sich gefühlt, als Sie dies vollbracht haben?

Versetzen Sie sich genau in diesen Moment zurück und versuchen Sie, sich zu erinnern, was Sie damals empfanden, als Sie die Leistung vollbrachten. Waren noch andere Personen abgesehen von Ihnen anwesend? Welche Körperempfindungen haben Sie damals genau registriert? Holen Sie sich dieses Gefühl ins Gedächtnis zurück und durchleben Sie es noch einmal. Spüren Sie ein Gefühl der Wärme und Zufriedenheit? Waren Sie entschlossen und klar im Geist?

Was haben Sie währenddessen gedacht?

Wir verweilen in dieser Situation und versuchen, uns an die Gedanken von damals zu erinnern. Was genau ging Ihnen in dieser Situation durch den Kopf?

Was haben Sie in diesem Moment getan? Wie haben Sie in diesem Moment gehandelt, dass es Sie dazu befähigte, diese Leistung zu vollbringen?

Wie war Ihre Körperhaltung?

Versuchen Sie, genau die gleiche Körperhaltung einzunehmen und genauso zu atmen wie zu diesem Zeitpunkt. Haben Sie aufrecht gestanden und tief und kraftvoll geatmet?

Was haben Ihre Sinne in dieser Situation sonst noch wahrgenommen?

Gibt es einen besonderen Geruch, einen Geschmack oder ein Geräusch, welches mit Ihrer Situation in Verbindung steht?

Wie fühlen Sie sich jetzt, nachdem Sie diese Situation noch einmal durchlebt haben? Ist es dieses Gefühl nicht wert, öfter erlebt zu werden? Aus diesem Grund wollen wir genau hier unseren Anker werfen, um auch später in der Lage zu sein, diesen Zustand jederzeit abrufen zu können! Um dies zu erreichen, verbinden wir dieses Gefühl jetzt mit einer bestimmten Handlung, um so eine abrufbare

Verknüpfung zu erstellen. Ich habe mir dazu zum Beispiel eine bestimmte Körper- und Fingerhaltung in Verbindung mit einer Geste als Verknüpfungspunkt ausgesucht, indem ich meinen Daumen und Zeigefinger der rechten Hand so zusammen füge, das ein „O" entsteht, und meine Hand, genau wie ein Italiener bei seinem *va bene* vor meinem Bauch hin und her bewege. Wenn ich mich am Hochpunkt meiner positiven Erinnerung befinde und voll in die Situation eingetaucht bin, nehme ich diese Haltung ein und drücke die Finger auf besagte Art und Weise fest zusammen. Ich stelle mich aufrecht hin, atme tief und kraftvoll und beginne mit der besagten Geste, während ich das positive Gefühl förmlich in mich aufsauge.

Diesen Vorgang sollten Sie für jede Ihrer positiven Erinnerungen mehrmals wiederholen, um Ihrem Körper ausreichend Zeit zu gewähren, die Verknüpfung zwischen Gefühl und Körperhaltung so intensiv wie möglich zu erstellen. Bildlich gesehen stellen Sie sich hierfür am besten vor, dass Sie an dieser Stelle einen riesig großen Anker werfen (den größten, den die Welt bisher gesehen hat), der die Kraft hat, Sie sicher und fest an dieser prickelnden Stelle des Emotionsmeeres anhalten zu lassen. Die Wirkung dieser einfachen Technik ist phänomenal. Nehmen wir einmal an, Sie befinden sich in einer späteren Situation in Ihrem Leben in einem energiearmen Zustand, den Sie unbedingt ändern wollen. Alles, was Sie dazu tun müssen, ist, Ihre persönliche Ankerposition einzunehmen, und Ihr Unterbewusstsein wird sich automatisch an das Gefühl erinnern, das es damit in Verbindung bringt. Binnen Sekunden werden Sie spüren, wie ein Schwall warmer, positiver Energie durch Sie fließen wird und alles Negative einfach wegspült.

Diesen Vorgang können Sie in Zukunft natürlich auch bei jeder sich neu bietenden Gelegenheit wiederholen, wenn Sie das Gefühl haben, gerade etwas extrem Positives zu erleben. Je mehr Eindrücke Sie mit der Zeit an Ihren Anker koppeln, desto größer und mächtiger wird dieser werden. Warten Sie nicht damit, diesen gewaltigen Vorteil für sich zu nutzen, sondern handeln Sie so bald wie möglich, und Sie werden merken, wie groß die Veränderung ist, die Sie dadurch erfahren.

Körperhaltung

Sind Sie schon einmal einem niedergeschlagenen Menschen begegnet, der Ihnen aufrecht, mit erhobener Brust sein Leid klagte? Höchstwahrscheinlich nicht. Allein das Wort „niedergeschlagen" impliziert, dass der Körper dazu tendiert, eine eher gebeugte Haltung einzunehmen, wenn sich eine Person in einem ressourcenarmen Zustand befindet. Stellen Sie sich einmal vor, Sie sind Wissenschaftler, und eine Ihrer jüngsten Entdeckungen wäre so bahnbrechend gewesen, dass die Nobelpreis-Kommission bei Ihnen anruft, um Ihnen mitzuteilen, dass sie sich dazu entschlossen hat, Ihnen und nur Ihnen den Nobelpreis zu verleihen. Zwei Wochen später werden Sie bei der Verleihung auf die Bühne gerufen, damit man Ihnen endlich den verdienten Preis überreichen kann. In welcher Haltung würden Sie die Auszeichnung entgegen nehmen und was genau würden Sie dabei empfinden? Stehen Sie ruhig einmal auf und spielen Sie die Szene so naturgetreu wie möglich durch. Fällt Ihnen dabei etwas auf? Würde es Ihnen leicht fallen, wenn ich Sie jetzt darum bitten würde, an etwas Negatives zu denken, ohne dass Sie Ihre Körperhaltung verändern dürfen? In der Tat dürfte es Ihnen verdammt schwer fallen, dieser Bitte auf Anhieb zu entsprechen, und es würde eine gehörige Kraftanstrengung Ihrerseits erfordern. Ist das nicht verrückt?

Wäre es nicht ein Vorteil, wenn man diesen Umstand auch im täglichen Leben für sich nutzen würde, um negative ressourcenarme Gemütszustände außer Gefecht zu setzen? Erfolgreiche Menschen tun dies konsequent, und es liegt nur an Ihnen, ob Sie diesen Umstand in Zukunft auch für Ihr Leben nutzen wollen. Wenn Sie in Zukunft merken, dass Sie Gefahr laufen, in ein negatives Denkmuster abzurutschen, dann strecken Sie einfach einmal Ihre Brust heraus und holen mit erhobenem Kopf tief Luft, genau so, als ob Sie gerade Ihren Nobelpreis überreicht bekommen würden. Sie werden alsbald spüren, dass sich Ihr Gemütszustand merklich ändert und es Ihnen erlaubt, Kontakt zu Ihren wahren Ressourcen aufzunehmen.

Der Glaube kommt vor dem Erfolg

Angenommen, ich würde einen sieben Meter langen und dreißig Zentimeter breiten Stahlträger vor Ihnen auf den Boden legen und Sie fragen, ob Sie sich zutrauen, darüber zu gehen. Ohne lange zu zögern, würden Sie mir antworten „Selbstverständlich".

Sie alle kennen sicherlich die Bilder von den Erbauern des Empire State Building um die Jahrhundertwende, die in großer Höhe die Bauarbeiten unglaublich schnell vorantrieben.

Die Beschreibung des zuvor erwähnten Stahlträgers entspricht dabei genau den Maßen der Träger, auf denen die Erbauer solch hoher Gebäude auch heute noch herumspazieren. Würden wir nun zusammen auf solch eine Großbaustelle gehen, und ich würde Ihnen die gleiche Frage noch einmal stellen, wie würden Sie dann antworten? Höchstwahrscheinlich würden Sie „Nein" sagen. Warum trauen Sie es sich zu, wenn der Stahlträger auf dem Boden liegt, und warum verneinen Sie bei dem Versuch in luftiger Höhe? Die Antwort ist ganz einfach: Beim ersten Beispiel konnten Sie es sich vorstellen, über den Träger zu balancieren, während Sie sich beim zweiten Beispiel vorstellen, dass Sie es nicht können. Selbst wenn Sie sich zwingen würden, einen solchen Balken zu betreten, ohne zuvor den Glauben an Ihre Fähigkeit zu ändern, wäre Ihr Balanceakt nur von kurzer Dauer und würde höchstwahrscheinlich schnell in den freien Fall übergehen. *Wenn Ihnen die Vorstellungskraft fehlt, dass Sie etwas zustande Bringen können, dann schaffen Sie es unter keinen Umständen.* Der einzige Grund, warum es die Bauarbeiter in den obersten Etagen mühelos bewältigen, ist, dass Sie daran glauben, es zu können. Für dieses Phänomen gibt es zahllose Beispiele, die verdeutlichen, wie viel Macht unsere innere Einstellung über unsere Fähigkeiten hat.

Falls Sie ein Auto fahren, kennen Sie mit Sicherheit das Phänomen, das eintritt, wenn man ein kleines Hindernis auf der Straße erblickt, dem man ausweichen will. Je stärker Sie jedoch versuchen, dem Hindernis zu entgehen, desto zielsicherer steuern Sie darauf zu, um es dann letztendlich doch zu überrollen. Ich kann mich noch gut daran erinnern, wie wir als Kinder im Winter im nahegelegenen Park Schlitten fuhren. Die Abfahrt war mindestens dreißig Meter breit, und auf ihr stand einzig und allein ein Baum. Voller Spaß rasten wir den ganzen Vormittag herunter, bis wir uns am Nachmittag dazu entschlossen, ab jetzt auf dem Bauch zu rodeln, um das Ganze spannender zu gestalten. Nur einer von uns traute es sich nicht zu. „Was mache ich nur, wenn ich mit dem Kopf zuerst gegen diesen Baum fahre," antwortete er uns, wenn wir ihn fragten. Wie Kinder nun einmal so sind, fingen wir an, den Armen zu hänseln, bis er sich endlich einen Ruck gab. Dreimal dürfen Sie raten, was passierte? Natürlich kam es, wie es kommen musste. Bereits bei der ersten Abfahrt nahm der arme Kerl schnurstracks Kurs auf diesen einsamen Baum und fuhr, wie sollte es anders sein, mit dem Kopf voran gegen dessen Stamm. Wir alle waren natürlich schockiert und eilten zu ihm. Zum Glück war ihm bis auf eine kleine Platzwunde nichts passiert, doch gab es an diesem Tag unter uns keinen mehr, der den Hügel noch einmal auf dem Bauch heruntergefahren wäre.

Stelle die richtigen Fragen! (Der Sokrates-Effekt)

Wie wir wissen, ist das Unterbewusstsein bei all unseren Aktivitäten stets zugegen und nimmt unermüdlich alle Informationen auf, die uns von außen zugetragen werden. Befinden wir uns zum Beispiel in einer Situation, wo wir nach einer Antwort suchen, so spielt sich in unserem Inneren umgehend eine Diskussion ab, von deren Ausgang der spätere Erfolg oder Misserfolg unserer Handlung abhängt. In Gang gesetzt wird dieser Prozess durch eine Frage, die wir an unser Inneres richten, mit dem Ziel, eine bestmögliche Lösung präsentiert zu bekommen. Der einzige Unterschied zwischen Erfolg und Misserfolg ist die Tatsache, dass erfolgreiche Menschen diese konkrete Macht ihres Unterbewusstseins effektiver nutzen.

Stellen Sie sich einmal eine Internet-Suchmaschine vor, in die Sie ein bestimmtes Stichwort (= Frage) eingeben, die Sie gerne beantwortet haben möchten. Natürlich versuchen Sie in diesem Fall, Ihre Frage so präzise wie möglich zu formulieren, um in der Lage zu sein, die bestmögliche Antwort zu erlangen. Leider nutzen die meisten Menschen diese Möglichkeit nicht, wenn es um ihre eigene innere „Suchmaschine" geht, stattdessen verwenden sie völlig unpassende Eingaben, die es ihnen unmöglich machen, eine adäquate Antwort zu erhalten. Dieses Missgeschick passiert Tag für Tag millionenfach auf der ganzen Welt und ist letztendlich in großem Maße dafür verantwortlich, dass wir stets unterhalb unserer Möglichkeiten agieren.

Die folgenden Beispiele werden Ihnen vielleicht bekannt vorkommen:

- Warum muss ausgerechnet mir so etwas immer passieren?
- Warum bin ich nur so faul?
- Warum bin ich nicht erfolgreich?
- Warum bin ich so unglücklich?

Wonach sucht das Gehirn, wenn man die Fragen so stellt? Ganz einfach, es sucht automatisch nach Gründen, warum ich in diesem Zustand verweile. Wenn ich meine Suchmaschine also frage, warum gewisse Dinge ausgerechnet mir immer passieren, bleibt ihr nichts anderes übrig, als nach Antworten für diesen Missstand zu suchen. Bringt Sie das weiter?

Um eine Lösung für mein Thema zu erhalten, muss ich die Eingabe so formulieren, dass meiner Suchmaschine gar nichts anderes übrig bleibt, als nach einer Lösung zu suchen.

Beispiele:
- Was kann ich tun, um zu verhindern, dass bestimmte Dinge immer mir zustoßen?
- Was kann ich tun, um aktiver zu werden?
- Was kann ich tun, um erfolgreicher zu werden?
- Was kann ich tun, um glücklich zu sein?

Wonach sucht das Gehirn, wenn Sie die Fragen in dieser Art und Weise stellen? Es sucht nach Antworten! Die Fragen machen also den Unterschied!

Wenn wir lernen, die richtigen Fragen zum richtigen Zeitpunkt zu stellen, öffnen wir unendliche Ressourcen in unserem Unterbewusstsein. Das Denken geht weg von Bestätigungen, warum ich etwas nicht kann, und macht sich auf die Suche nach den Lösungen zu meinen Themen.

Hier ein Beispiel, bei dem die meisten Menschen bereits auf ein schier unüberwindbares Hindernis stoßen, wenn sie sich über eine neue Aufgabe Gedanken machen. Die Frage, die von der Mehrzahl gestellt wird, lautet in der Regel: „Bin ich dazu in der Lage?" Was macht das Gehirn in einem solchen Fall? Es sucht in Bruchteilen einer Sekunde all seine gespeicherten Daten ab, warum Sie die Aufgabe nicht schaffen sollten.

Um die wahren Ressourcen nutzen zu können und um dem Gehirn einen Anstoß in die richtige Richtung zu geben, muss die Frage natürlich anders formuliert werden. „Wie kann ich es schaffen und sogar noch Freude dabei empfinden?", wäre eine Fragestellung, die mir mit Sicherheit helfen würde, eine nützliche Antwort zu erlangen.

Die größten Figuren der Menschheit sind nach diesem Prinzip verfahren, um nachhaltige Veränderungen in sich selber und in ihrer Umwelt zu erzielen. Nehmen Sie Sokrates als Beispiel: Es gibt kaum Aufzeichnungen über das, was der große Philosoph selbst an klugen Dingen von sich gegeben hat. Im Grunde genommen hat er eigentlich kaum etwas gesagt. Sokrates hat seinen Mitmenschen lediglich die richtigen Fragen gestellt, um sie so auf die richtige Fährte zu führen. Er war ein Meister, wenn es darum ging, Personen Zugang zu ihren inneren Ressourcen zu verschaffen, und sie so für sich sprechen zu lassen. Genauso kann es sich in unserem eigenen Leben verhalten, wenn wir auf der Suche nach Lösungen sind. Der Mensch stellt sich selber permanent bewusste und unbewusste Fragen, von denen die Qualität der Lösungen und damit die Lebensqualität abhängt.

Unsere Wortwahl

Achten Sie in Zukunft insbesondere auf Ihre Wortwahl, denn Sie beeinflusst nicht nur Sie und Ihr Unterbewusstsein, sondern auch die Perspektive, aus der Sie von anderen Menschen wahrgenommen werden.

Streichen Sie Redewendungen wie: Ich könnte, vielleicht werde ich, ich probiere es mal, und ersetzen Sie diese durch klar zielgerichtete Formulierungen. Was empfinden Sie, wenn Sie das Wort „Problem" hören? Verbinden Sie dies automatisch mit etwas Positivem? Die meisten von uns werden das nicht tun, sondern vielmehr in eine Art abwartende Lauerstellung verfallen.

Was würden Sie jedoch empfinden, wenn Sie das Wort Problem durch Wörter wie Thema oder Herausforderung ersetzen? Weckt es vielleicht Neugierde oder den Wunsch nach Aktivität in Ihnen. Ich selber habe so verfahren und habe das Wort „Problem" komplett aus meinem aktiven Vokabular verbannt. Seitdem haben ich und meine Seminarteilnehmer sprichwörtlich „keine Probleme" mehr. Auf uns warten nur noch Themen und Herausforderungen, denen wir entgegentreten dürfen. Ist das nicht prickelnd? Besucher meiner Seminare haben mir bestätigt, dass allein das Austauschen dieses kleinen Wortes einen gewaltigen Unterschied in ihrem Denken und dadurch bedingt in ihrem Handeln ausgelöst hat. Wenn solch eine kleine Veränderung bereits eine derart große Wirkung nach sich zieht, können Sie sich bestimmt vorstellen, was erst geschieht, wenn man seinen gesamten Sprachschatz durchforstet und negativ behaftete Wörter konsequent durch inspirierende ersetzt!

Das Überspielen komplexer negativer Programme

Ich vergesse nie den Deutschlehrer in meiner Schule, bei dem ich es schaffte, innerhalb von nur einem halben Jahr von der Note „gut" auf „mangelhaft" abzusinken. „Ihr Sohn ist für das Gymnasium nicht geschaffen," teilte er meiner Mutter während einer Lehrersprechstunde in meinem Beisein mit. Was für eine Nachricht an das Unterbewusstsein eines Schülers, und noch dazu aus dem Munde eines studierten Pädagogen! Zum Glück entzog ich mich bald dem negativen Einfluss dieses toxischen Menschen, um unter realen Bedingungen wieder zur alten Note zurückzukehren, doch ist dieses Beispiel stellvertretend für eine beträchtliche Anzahl Heranwachsender, die ähnlich unannehmbaren Zuständen ausgeliefert sind. Es ist daher kein Wunder, dass ein Großteil von ihnen mittlerweile unter einer wahren Prüfungspanik leidet und den Spaß am Lernen, ganz zu schweigen von dem Glauben an ihre eigenen Fähigkeiten, immer mehr verliert. Wenn man zusätzlich noch Eltern und ein Umfeld hat, die einem nicht den Rücken stärken, kann dies über die Jahre durchaus zu ernsthaften Problemen führen, denen wir uns an dieser Stelle widmen wollen.

Stellen wir uns also einmal vor, wir haben aufgrund schlechter Erfahrungen aus unserer Vergangenheit ein derart negatives Programm in unserem Unterbewusstsein aufgebaut, dass wir den Glauben daran verloren haben, überhaupt noch dazu in der Lage zu sein, bessere Leistungen als ein „mangelhaft" in der Schule zu erbringen. Wie aber kriege ich diese negative Programmierung wieder in den Griff und transformiere sie in eine positive Programmierung, die mir Kraft gibt, anstatt sie mir zu nehmen? Dazu müssen wir in zwei Schritten vorgehen. Als erstes löschen wir das vorhandene negative Programm aus unserem Unterbewussten, um Platz für ein neues, energetisch hochwertiges Programm zu schaffen. Im zweiten Schritt designen wir dann das gewünschte neue Programm und spielen es auf die frei gewordene Stelle in unserem Inneren auf.

Unser Trojanisches Pferd ist dabei unser Wissen über die Angewohnheit des Unterbewusstseins, in Bildern zu denken, und daher wählen wir genau diesen Weg, wenn wir die unerwünschten Programme löschen beziehungsweise neue Programme aufspielen. Wir arbeiten mit Bildern! Je lebhafter und bunter diese ausfallen um so besser, denn wie wir ja bereits erkannt haben, ist unser Unterbewusstsein bei all seiner Macht zum Glück auch extrem naiv und wird uns ohne lästige Fragen alles abkaufen, was wir ihm anbieten. Ganz nach dem Motto „Je toller, je besser" konstruieren wir daher zuerst die Sequenz, die wir zu löschen gedenken.

Zusätzlich setzen wir noch einen akustischen Reiz, um auch wirklich in der Lage zu sein, alle uns verfügbaren Mittel auszuschöpfen, um mit unserem Unterbewusstsein zu kommunizieren.

Das Ganze wollen wir einmal an einem fiktiven Fall durchspielen, in dem wir dem Menschen mit dem negativen Programm den Namen Elias geben.

Der Löschvorgang

Visueller Löschvorgang – / *Elias stellt sich also zuerst einmal vor, wie er in seiner Klasse sitzt und die altbekannte Situation der Notenvergabe durchlebt. Als er mit gebeugtem Kopf aufsteht, um sich seine Klausur vorne am Lehrerpult abzuholen, spürt er die bohrenden Blicke der Mitschüler in seinem Rücken. Am Pult angekommen reicht ihm der Lehrer abfällig seine Arbeit über den Tisch, auf der wie schon so oft zuvor eine riesige 6 in grellroter Farbe prangt. Die Zahl sechs ist so auffällig und grell und noch dazu in einer entsetzlichen Handschrift geschrieben, dass es ihm fast schon in den Augen schmerzt, sie anzusehen. Wie aus dem Nichts* erscheinen auf einmal zwei riesige starke Hände, die dem Lehrer den Zettel mit der Note aus der Hand nehmen und wie selbstverständlich anfangen, das Blatt zu zerreißen. Erst einmal, dann zweimal, dann dreimal, bis schließlich von der Zahl nichts mehr zu sehen ist. Plötzlich kommen Superman oder Batman hereingesprungen (Oder wen auch immer Elias bewundern mag) und sprechen zu Elias: Wir wissen, dass du das besser kannst, Elias, es ist nur eine Frage deines Willens, schließlich bist du einer von uns. Willst du dich verbessern?"

„Ja", antwortet Elias laut und nachdrücklich voller Inbrunst im Geiste!

„Bist du dir sicher", fragt Superman noch einmal?

„Ja, ich bin mir sicher", bestätigt Elias wiederum im Geiste!

„Bist du dir wirklich sicher", fragt Superman

„Ja, natürlich bin ich mir sicher", bestätigt Elias erneut mit noch mehr Nachdruck in der inneren Stimme!

„Dann hast du es bereits geschafft", antwortet Superman und fängt voller Stolz an zu schmunzeln. \

Das Ganze mag auf den ersten Blick etwas übertrieben wirken, wenn wir die Szene mit unserem Bewusstsein betrachten, doch dürfen Sie nicht vergessen, dass es keinesfalls unser Ziel war, mit diesem Kontakt aufzunehmen. Die Botschaft war an unser Unterbewusstsein gerichtet, und Sie können sicher sein, dass Sie auf diese Art und Weise in jedem Falle angekommen ist. Je farbenfroher und anschaulicher Sie die Situation ausschmücken, desto größer ist die Schar der Soldaten, die aus dem Bauch des Trojanischen Pferdes klettern, um das störende Programm zu löschen.

Akustischer Löschvorgang – Hierzu benutzen wir eine abgewandelte Form unserer Suggestionsformel, indem wir sie auf folgende Art und Weise umformulieren: *„Es geht mir jeden Tag in jeder Hinsicht immer besser und besser, und ich fühle, wie ich in der Schule immer besser und besser werde!"*

Begleitend zu unserer visuellen Methode genehmigen wir uns diese Suggestion wie gehabt zwei- bis viermal täglich unter Zuhilfenahme der altbekannten Hilfsmittel, wie der Schnur oder dem Tape, je nachdem, in welcher Form wir sie uns vortragen wollen.

Sie können diese beiden Methoden des Löschvorgangs natürlich auch für jedes andere Thema, welches Sie gerne ändern möchten, verwenden. Während der eine vielleicht Angst hat, vor vielen Menschen zu sprechen, überfallen den Anderen Angstzustände, sobald er zu seinem Chef zitiert wird. Egal welches vorhandene Programm Sie löschen möchten, achten Sie darauf, dass Ihr Trojanisches Pferd, das Sie zweimal täglich, morgens und abends, verwenden, immer das gleiche ist, und gewähren Sie Ihrem Unterbewusstsein zwei Wochen Zeit, um das unerwünschte Programm ein für alle Mal zu entfernen.

Die Neuprogrammierung

Der nächste Schritt wäre nun die Neuprogrammierung des gewünschten Zustandes, die in zwei Schritten verläuft und der wir uns anhand des vorhin gewählten Beispieles einmal widmen wollen.

Visuelle Programmierung – Nach erfolgter Löschung des alten Programmes stellt sich Elias die gleiche Situation also noch einmal vor, nur diesmal wird sie so aussehen, wie er sie gerne erleben würde:

Elias sitzt also wieder in seinem Klassenzimmer und wartet darauf, zu seinem Lehrer nach vorne gerufen zu werden, um seine benotete Klausur in

Empfang zu nehmen. Es ist ein schöner Tag, und die Sonne scheint durch das Fenster und erhellt den ganzen Raum. Voller Vorfreude hört er seinen Namen und steht auf, um sich ans Lehrerpult zu begeben. Auf seinem Weg nach vorne spürt er die Welle der Sympathie, die seine Mitschüler ihm mit auf den Weg geben, und das schönste Mädchen in der Klasse(falls vorhanden) blinzelt ihm heimlich von der Seite zu. Selbstsicher steht er nun vor seinem Lehrer, der ihn anlächelt und ihm andächtig seine Klausur überreicht. Mit einem Gefühl der inneren Selbstsicherheit und Wärme öffnet Elias das Heft und sieht die Note 1 in seiner Lieblingsfarbe deutlich unter seiner Arbeit prangen. Jetzt kommt auch Superman herein, und Elias kann den Stolz in dessen Augen erkennen, als dieser ihn anschaut und zu ihm sagt: „Siehst du, Elias, ich habe es immer gewusst, du bist einer von uns!"

Für diese Programmierung gelten die gleichen Regeln wie für den Löschvorgang, den wir zuvor durchgeführt haben. Das bedeutet, wir nehmen sie uns zweimal täglich über den Zeitraum von zwei Wochen vor, und sorgen dafür, dass sie stets nach dem gleichen Muster verläuft. Ihre Schilderung sollte genauso bildhaft sein wie gehabt, damit das Trojanische Pferd ein Maximum an positiven Rittern transportieren kann.

Akustische Programmierung – Bei der akustischen Programmierung verfahren wir nach dem gleichen Schema wie zuvor und benutzen zur Unterstützung wiederum die Formel: *Es geht mir jeden Tag in jeder Hinsicht immer besser und besser, und ich fühle, wie ich in der Schule immer besser und besser werde.*

Dieser einfache Vorgang des Löschens und Überspielens ist natürlich auf jegliche Themenbereiche anwendbar und wartet nur darauf, von Ihnen genutzt zu werden. Egal ob es die Angst vor dem

Chef, vor Hunden oder dem freien Sprechen ist, bei allem werden Sie die gleiche positive Wirkung erfahren und so ungemein von Ihrem veränderten Zustand profitieren!

Sie werden sich wundern, welche Erfolge Sie bereits nach kurzer Zeit auf diese Art und Weise erzielen werden, und ich kann Ihnen auch an dieser Stelle nur dazu raten, so bald wie möglich mit Ihrer Neuprogrammierung zu beginnen, falls Sie ein störendes Programm am Erfolg hindert.

Leidenschaft

Sagt Ihnen der Name Khalil Gibran etwas? Höchstwahrscheinlich nicht. Auch ich bin mehr durch Zufall auf den Namen dieses Mannes gestoßen, als wir uns im Schulunterricht mit der amerikanischen Geschichte beschäftigten.

Wenn ich Sie aber jetzt fragen würde, von wem der Ausspruch „Frag nicht, was dein Land für dich tun kann; frag, was du für dein Land tun kannst!" stammt, so würden die meisten von Ihnen ohne Zögern antworten, dass es sich dabei ohne Zweifel um ein Zitat von John F. Kennedy handelt.

Abgesehen von dem berühmten Ausspruch „Ich bin ein Berliner" ist dies wohl die bekannteste Äußerung des ehemaligen Präsidenten der Vereinigten Staaten.

Was die wenigsten Menschen jedoch wissen dürften, ist, dass es eigentlich Khalil Gibran war, der dieses Statement in seiner Kurzgeschichte „The new frontier" als Erster zu Papier gebracht hat, und dass John F. Kennedy es später lediglich von ihm übernahm. Obwohl diese Idee also nur geborgt war, hat sie ihm zu weltweitem Ruhm verholfen, und das hatte seine Gründe.

Im Gegensatz zum Erfinder dieser Worte hat der berühmte Präsident tatsächlich sein ganzes Leben nach diesem Motto ausgerichtet und es zu seiner Philosophie erklärt. Während seiner gesamten Karriere versuchte er stets, mit all seiner Hingabe und positiver Energie diese Idee wahr werden zu lassen, und lebte dies den Menschen Tag für Tag vor.

Wenn wir daher heute an diese Worte denken, müssen wir

gleichzeitig an den großen Präsidenten denken, und wenn wir an seine Person denken, schießen uns spontan diese Worte durch den Kopf.

An diesem Beispiel wird klar, was geschieht, wenn ein Mensch wirklich bereit ist, seine Träume kompromisslos zu leben und all seine Leidenschaft in deren Erfüllung zu investieren. Es kommt zu einer perfekten Symbiose zwischen ihm und seiner Philosophie und lässt diese untrennbar miteinander verschmelzen.

Genau wie John F. Kennedy, der sein Leben voll und ganz dem Wohlergehen seines Landes widmete, identifizieren sich auch andere erfolgreiche Menschen voll und ganz mit ihren Tätigkeiten, und machen sie zu einem positiven Bestandteil ihres Lebens.

Nur aus diesem Grund sind sie dazu bereit, alles Menschenmögliche zu versuchen, um ihre Träume wahr werden zu lassen und nicht schon bei der erstbesten Schwierigkeit die Flinte ins Korn zu werfen.

Es ist diese von ihrem Innersten kommende Leidenschaft, die ihnen einen entscheidenden Vorteil gegenüber ihren Mitmenschen einräumt, wie man am Beispiel von John F. Kennedy und Khalil Gibran deutlich sehen kann.

Obwohl es Gibran war, der den Satz „Frag nicht, was dein Land für dich tun kann; frag lieber, was du für dein Land tun kannst" als Erster niederschrieb, war es John F. Kennedy, der ihm Bedeutung verlieh und ihn untrennbar mit seinem Namen verschmelzen ließ. Diese Hingabe ist natürlich nur möglich, wenn man sowohl von der Richtigkeit seiner Ziele als auch von der eigenen Person vollkommen überzeugt ist.

Nehmen Sie sich in Zukunft also ein Beispiel an den erfolgreichen Menschen der Vergangenheit und handeln Sie stets getreu dem Motto:

*„Du musst das Unmögliche versuchen, um das Mögliche zu errei-
chen."*

„Arbeite, als ob du das Geld nicht brauchen würdest.
Tanze, als ob dir niemand zusehen würde, und liebe,
als ob du nie zuvor verletzt worden wärst."

(Mark Twain)

Short Stories zum Thema

/ Der Glaube an den Erfolg

Wenn du glaubst, du bist geschlagen, dann bist du wirklich geschlagen.

Wenn du denkst, dass du dich nicht traust, wirst du es nie schaffen.

Wenn du gewinnen willst, aber du nicht daran glaubst,

ist es mehr als wahrscheinlich, dass du scheiterst.

Wenn du denkst, dass du verlierst, bist du bereits verloren.

Überall auf der Welt beginnt der Erfolg mit der gleichen Einstellung.

Sie ist in allen erfolgreichen Köpfen dieselbe.

Die Geschichten des Lebens werden nicht immer von dem stärksten
oder klügsten Wettbewerber gewonnen,

sondern früher oder später wird jener Mensch gewinnen,

der daran glaubt, dass er gewinnen wird.

/ Der Optimist (der Autor)

Auf dem Weg in die Schule, gerade als er in die Straßenbahn einsteigen
wollte, wurde Philipp so unglücklich angerempelt, dass er sich den Kopf
anstieß und eine blutende Wunde hinter dem rechten Ohr davontrug.

Benommen taumelte er daraufhin zurück, wobei er stolperte und mit
dem Steißbein ausgerechnet auf die hervorstehende Kante einer Sitzbank
fiel.

Stark gehandikapt setzte Philipp jedoch tapfer seinen Weg zur Schule
fort, und es war sicher keine gute Idee, in diesem Zustand den steilen Ab-
hang hinuntergehen zu wollen, um den Schulweg so ein wenig abzukür-

zen. Jedenfalls stürzte er auch hier, und Philipp lag nun ohnmächtig am Boden.

Als der Lehrer die zahlreichen Verletzungen des Jungen zu Gesicht bekam, ließ er sofort einen Krankenwagen für ihn rufen, der ihn zur Beobachtung in die nächstgelegene Klinik einlieferte.

Sein Vater, dem man auf der Arbeit von der Einlieferung seines Sohnes berichtet hatte, eilte sofort ins Krankenhaus, um sich selber einen Eindruck von der Lage zu verschaffen. Als er die Zimmertür öffnete, lächelte ihn Philipp zu seinem Erstaunen jedoch freudestrahlend an und schien allerbester Laune zu sein.

„Warum bist du so gut gelaunt, mein Sohn, hast du denn keine Schmerzen?", fragte der Vater verwundert.

Stolz lächelnd öffnete Philipp daraufhin seine linke Hand, und zum Vorschein kam ein Fünfmarkstück, welches er die ganze Zeit in seiner Handfläche verborgen hatte.

„Bevor ich den Abhang heruntergefallen bin, habe ich das erste Mal in meinem Leben etwas Geld gefunden. Ich habe es sogar dann nicht losgelassen, als ich das Bewusstsein verlor, denn als ich wieder aufwachte, war es immer noch dort.

Heute muss mein Glückstag sein, Papa." \

/ Die Fastenkur (der Autor)

Im gleichen Moment, in dem Dirk morgens seine Heilfastenkur begann, fiel hinter Frank die defekte Kellertür ins Schloss, und er war gefangen. Das Einzige, worauf die beiden von nun an in ausreichender Menge zugreifen konnten, war einfaches Wasser, welches auch Frank dank eines im Keller befindlichen Wasserhahns in Hülle und Fülle zur Verfügung stand.

Während allerdings Dirk die ersten Stunden seiner Fastenkur sehr genoss, geriet Frank immer mehr in Panik. Er schrie lauthals und klopfte ununterbrochen an die Kellertür, obwohl er wusste, dass ihn ohnehin niemand hören konnte.

Seine einzigen Nachbarn würden erst in zwei Wochen aus dem Urlaub zurückkehren.

Franks körperliche Verfassung nahm in den darauffolgenden Tagen immer mehr ab, während Dirk zeitgleich spürte, wie seine freiwillige Fastenkur ihm immer mehr Energien zuführte.

Die Tage vergingen, und nach Ablauf von zwei Wochen, als Dirk seine Fastenkur abbrach, wurde auch Frank von seinen aus dem Urlaub zurückgekehrten Nachbarn befreit und völlig entkräftet in ein Krankenhaus eingeliefert.

Während Dirk sich nun allerdings neu und gestärkt seinen Aufgaben widmete, kämpfte Frank auf der Intensivstation um sein Leben.

Er wäre um ein Haar verhungert.

/ Der Eroberer (der Autor)

Anfänglich dachte der Mann, dass ihm seine Augen einen Streich spielen würden, als er die kleine Person erkannte, die dort einsam vor ihm am Strand saß und auf das Meer hinausschaute.

Unzählige Male hatte er dessen Gesichtszüge bereits auf Bildern betrachtet, doch hätte er niemals erwartet, diesem Mann einmal persönlich zu begegnen.

Vor ihm saß Napoleon Bonaparte, der ehemals große Feldherr, den seine Bezwinger in die Verbannung auf die Insel St.Helena geschickt hatten.

Vorsichtig näherte sich der Mann Napoleon von hinten und blieb eini-

ge Zeit dicht hinter ihm stehen, um ihn aus der Nähe zu beobachten. Je länger er diesen betrachtete, desto weniger konnte er sich allerdings vorstellen, wirklich den einst mächtigen Eroberer vor sich zu haben, und er beschloss daher, ihn einfach zu fragen.

„Mein Herr, seid ihr wirklich Napoleon Bonaparte, der große Feldherr?"

Langsam drehte sich der Fremde zu ihm um.

„Ja, der bin ich."

Schadenfreude machte sich daraufhin in dem Mann breit, weil er sah, wie der ehemals mächtige Mann nun ganz alleine am Ufer des Meeres saß, und für ihn als Betrachter so gar nichts mehr von dessen einstigem Glanz und Glorie zu sehen war.

„Mein Herr, ich muss euch eine Frage stellen", fuhr er daher gehässig fort. „Ihr wart doch einstmals der mächtigste Mann der Welt. Schaut euch jedoch jetzt einmal an. Ihr habt alles verloren und seid in die Verbannung abgeschoben worden. Hat sich der ganze Aufwand überhaupt gelohnt, schließlich habt ihr all euren Ruhm verloren?"

Nachdenklich schaute Napoleon den Mann daraufhin an, bevor er antwortete.

„Ja, das ist richtig, Ruhm ist vielleicht vergänglich, doch Durchschnittlichkeit hält bis in alle Ewigkeit vor."

Nach diesem Ausspruch war das Gespräch für ihn beendet, und er drehte sich wieder dem Meer zu, um die Schönheit des Sonnenunterganges zu genießen. \

/ Der Baseballspieler (angelehnt an Barry Spilchuk)

Pete Rose war einer der besten Baseballspieler aller Zeiten. Über die Jahre hatte er sich einen beeindruckenden Namen bei den Aktiven und Zuschauern gemacht, und sein erklärtes Ziel war es nun, den ewigen Schlagrekord der Baseballlegende Ty Cobbs zu brechen.

Um dieses Ziel zu erreichen, fehlten ihm nur noch 78 erfolgreiche Schläge, damit er endgültig in die Annalen seines Sports eingehen konnte.

Kurz vor dem Start der neuen Saison stürmten die Reporter daher auf ihn ein, um ihn zu fragen, wie viele Schlagversuche er voraussichtlich brauchen würde, um Ty Cobbs Rekord einzustellen. Ohne auch nur eine Sekunde zu zögern, kam Petes Antwort wie aus der Pistole geschossen.

„78."

Die Reporter begannen, laut zu lachen.

„78 Treffer aus 78 Schlagversuchen ist unmöglich, und das wissen Sie selber wohl am besten."

Die Reporter warteten gespannt auf Petes wirkliche Erklärung, und er sollte sie nicht enttäuschen.

„Meine Herren, das war mein vollkommener Ernst," sagte Pete Rose nach einer kurzen Pause. „Jedes Mal, wenn ich auf den Platz laufe, erwarte ich von mir, auch den Ball zu treffen. Würde ich dies nicht tun, so hätte ich meiner Meinung nach kein Recht, den Platz überhaupt erst zu betreten."

Die Reporter waren still geworden, als Pete den Rest seiner Philosophie erklärte.

„Würde ich vor jedem Schlag lediglich hoffen, den Ball zu treffen, dann wären meine Erfolgschancen weitaus geringer. Es ist meine positive Grundeinstellung, die es mir bisher ermöglicht hat, so viele Bälle bereits beim ersten Versuch über das Feld zu schlagen."

In der darauffolgenden Saison gelang es Pete Rose bereits nach kurzer Zeit, den alten Schlagrekord von Ty Cobbs zu verbessern.

Sein Rekord sollte noch lange Bestand haben.

/ Das Echo des Lebens

Ein Vater und sein Sohn befinden sich auf einer Wandertour in den Bergen.

Auf einmal stürzt der Sohn, wobei er sich weh tut und laut schreit: „AAAhhhhhhhhhh!!!!"

Zu seiner Überraschung hört er, wie sich seine Stimme irgendwo aus den Bergen noch einmal wiederholt: „AAAhhhhhhhhh!!!!"

Neugierig ruft er daraufhin fragend in Richtung der Berggipfel: „Wer bist du?"

Er erhält die Antwort: „Wer bist du?"

Verärgert über diese Erwiderung schreit er nun laut: „Feigling."

Er erhält die Antwort: „Feigling."

Daraufhin schaut er seinen Vater an und fragt: „Was geht hier vor?"

Der Vater lächelt und sagt: „Mein Sohn, höre mir einmal zu."

Nun dreht sich der Vater in Richtung der Berggipfel und schreit: „Ich bewundere dich."

Die Stimme antwortet: „Ich bewundere dich."

Der Vater ruft nochmal, diesmal schreit er: „Du bist ein Champion!"

Die Stimme antwortet: „Du bist ein Champion."

Der Junge ist offensichtlich überrascht und scheint nicht ganz zu verstehen, was gerade vor sich geht.

Der Vater daraufhin erklärend zu seinem Sohn: „Die Menschen nennen das ECHO, aber in Wirklichkeit ist es das LEBEN. Es gibt dir alles zurück, was du sagst, denkst oder tust.

Unser Leben ist demnach eine simple Antwort auf unsere Handlungen.

Wenn du mehr Liebe in der Welt erreichen willst, musst du zuerst mehr Liebe in deinem Herzen kreieren.

Wenn du mehr Kompetenz in deinem Team erzielen willst, musst du zuerst deine eigene Kompetenz steigern.

Wenn du persönlich mehr Erfolg haben willst, musst du erst einmal an deinen eigenen Erfolg glauben.

Diese Beziehung kann man auf sämtlichen Aspekte des Lebens übertragen, mein Sohn. Das Leben wird dir immer das zurückgeben, was du ihm selber zuvor gegeben hast. Dein Leben ist demnach nicht eine Aneinanderkettung von Zufällen, sondern vielmehr eine Reflektion deiner selbst!" \

/ Der alte Landarzt

Einem jungen angehenden Arzt kam kurz nach seinem Examen zu Ohren, dass nicht weit von seiner Heimatstadt ein älterer Kollege praktizieren sollte, dem eine außergewöhnliche Sachkenntnis nachgesagt wurde.

Er beschloss daher, diesen Kollegen aufzusuchen, um ihn nach einem guten Ratschlag für seine weitere Karriere zu fragen. Dort angekommen unterbreitete er dem Experten sein Anliegen, was diesen über alle Maßen erfreute.

„Mein Sohn", sagte er, „das Geheimnis meines Erfolges ist eigentlich ganz einfach. Ich verfüge schlicht und einfach über ein gutes Urteilsvermögen."

„Und wie haben Sie diese Fähigkeit erlangt?", fragte der Besucher ihn daraufhin neugierig.

„Nun ja, gutes Urteilsvermögen erlangt man durch Erfahrungen, die man im Laufe der Zeit sammelt", fuhr er fort.

„Und Erfahrung, das steht unumstößlich fest, macht man dadurch, dass man anfangs ein schlechtes Urteilsvermögen hat." \

/ Die bulgarischen Gewichtheber (der Autor)

Vor mehreren Jahren wurde die internationale Gewichtheberszene von einer einzigen Nation dominiert. Die Bulgaren gewannen damals so gut wie jeden Wettkampf, zu dem sie antraten, und gaben ihren Konkurrenten wahre Rätsel auf.

Diese konnten sich einfach nicht erklären, wie solch eine Leistung möglich sei. Schließlich unternahmen auch sie alles, um ihre Resultate zu verbessern, und trotzdem reichte es in der Regel nur für eine der hinteren Platzierungen. Ständig wurden neue Trainingstechniken entwickelt, doch fand man einfach keinen Anschluss an die erstklassigen Leistungen der Bulgaren.

Es waren bereits einige Jahre vergangen, als wieder einmal ein Wett-kampf stattfand, bei dem die Bulgaren wie gewohnt die dominierende Mannschaft waren.

Auf der anschließenden feuchtfröhlichen Siegesfeier waren auch die siegreiche Mannschaft und deren Trainer anwesend, um dort zusammen mit den andern Nationen zu feiern.

Es vergingen einige Stunden, bis der Bundestrainer einer anderen Mannschaft allen Mut zusammennahm und seinen bulgarischen Kollegen geradeheraus nach dessen Geheimrezept fragte.

„Es gibt kein Geheimnis", antwortete dieser daraufhin. „Wir trainieren mit den gleichen Hantelstangen und Gewichten wie ihr anderen auch."

Ungläubig schaute ihn sein Kollege an.

„Aber wie ist dann der Leistungsunterschied zu erklären? Schließlich arbeiten wir mittlerweile am Limit. Meine Athleten machen pro Übung mindestens 10 Wiederholungen. Irgendetwas müsst ihr ja anders machen. Wenn die Gewichte, die wir alle benutzen, stets die gleichen sind, muss es ja an euren Wiederholungen liegen. Welche Wiederholungszahl hat sich denn bei euch am effektivsten herausgestellt? Die neunte oder die zehnte?"

Der bulgarische Bundestrainer musste lächeln.

„Es ist die elfte und die zwölfte Wiederholung, die uns den entschei-denden Vorteil den anderen Nationen gegenüber einräumt", antwortete er und lenkte das Gespräch in eine andere Richtung. \

/ Nichts als die Wahrheit

Einer der besten Jungmanager der Vereinigten Staaten wurde einmal als Zeuge eines Zivilprozesses vor Gericht geladen.

Aufrecht stand der leitende Angestellte nun vor dem Richter, bereit all seine Fragen zu beantworten.

„Sind Sie ein Angestellter ihrer Firma?", fragte ihn der Richter.

„Ja euer Ehren."

„Welche Position haben Sie inne?"

„Managing Director, Euer Ehren."

„Wie gut sind Sie auf Ihrem Posten?"

Bei der letzten Frage begann der Manager unruhig auf seinem Stuhl herumzurutschen, bevor er kurz und knapp antwortete.

„Euer Ehren, ich bin der beste Direktor, den meine Firma jemals hatte."

Der Firmeninhaber, der dem Prozess aus dem Zuschauerraum bei-wohnte, dachte, er könne seinen Ohren nicht trauen, als er diese Antwort seines ansonsten äußerst bescheidenen Angestellten vernahm.

Nachdem der Prozess vorbei war, nahm er ihn daher auf die Seite, um ihn zu fragen, was zur Hölle ihn dazu bewegt habe, solch ein Statement abzugeben.

Der Manager wurde blass um die Nase, bevor er leise antwortete:

„Boss, ich habe es gehasst, diese Antwort zu geben, doch was sollte ich machen, schließlich stand ich unter Eid." \

/ Eine Frage der Einstellung (aus dem Asiatischen)

Im Laufe einer wichtigen Schlacht wurde einem japanischem General auf einmal klar, dass die einzige Chance, den Kampf noch irgendwie zu gewinnen, darin liegen würde, sobald wie möglich einen entschlossenen Gegenschlag auszuführen.

Der General war sich sicher, dass seine Männer eine reelle Chance hatten, das Gefecht auf diese Art und Weise doch noch für sich entscheiden zu können. Leider stand er mit dieser Annahme jedoch alleine auf weiter Flur.

Seine Truppen waren aufgrund der großen Verluste, die sie im Laufe des Kampfes erlitten hatten, mittlerweile so stark demoralisiert, dass sie voller Zweifel waren und nicht mehr an die Möglichkeit eines Sieges zu glauben vermochten.

Auf dem Weg zum Schlachtfeld stoppte der General daher seine Truppen und forderte sie dazu auf, sich zum Gebet zu versammeln. Nachdem der General mit seinen Männern gebetet hatte, zog er eine Münze aus seiner Tasche und setzte zu einer Rede an.

„Hört alle her. Die Götter haben mir befohlen, eine Münze zu werfen, um so über unser Schicksal zu entscheiden. Wenn es Kopf sein sollte, werden wir siegen. Sollte es aber Zahl sein, werden wir wohl oder übel diese Schlacht verlieren."

Hoch warf der General die Münze nun in die Luft, und alle schauten gespannt, wie das Geldstück im Gras landete.

Es war Kopf.

Die Soldaten waren außer sich vor Freude und auf einmal wieder von so viel Selbstvertrauen erfüllt, dass sie den Feind sofort mit unbändiger Härte attackierten und bereits nach kurzer Zeit erfolgreich in die Flucht schlugen.

Nach der Schlacht ritt ein Leutnant in Richtung seines Generals, um ihm zu seinem großen Sieg zu gratulieren.

„Ich habe es gewusst, wir mussten die Schlacht mit Hilfe der Götter einfach gewinnen", sprach er zum General.

„Sie haben Recht", antwortete der General und zeigte dem Leutnant die Münze, die er zuvor geworfen hatte.

Auf beiden Seiten des Geldstücks war Kopf eingeprägt. \

/ Der Samurai und der Zen-Meister (aus dem Asiatischen)

Ein stolzer Samurai-Krieger, der bereits in vielen Schlachten seinen Mut bewiesen hatte, machte sich eines Tages auf den Weg, um einen alten Zen-Meister zu besuchen. Nach einem langen und schweren Marsch kam der Samurai endlich am Haus des Meisters an, und zu seiner Freude musste er nicht lange auf eine Audienz warten. Das Gefühl, welches ihn beim Anblick des alten Mannes jedoch beschlich, war ihm vollkommen fremd.

Obwohl der Samurai zu dieser Zeit bereits selber sehr berühmt war, fühlte er sich beim Anblick des ehrwürdigen Meisters plötzlich vollkommen unbedeutend.

Erstaunt fragte er den Meister: „Warum fühle ich mich in deiner Gegenwart so minderwertig?

Vor wenigen Augenblicken noch strotzte ich nur so vor Selbstvertrauen, doch sobald ich deine Gegenwart gespürt habe, schlich sich dieses unbekannte Gefühl in mir hoch. Unzählige Male in meinem Leben habe ich dem Tod bereits ins Gesicht gelacht und mich trotzdem noch nie zuvor gefürchtet. Warum fühle ich mich gerade jetzt eingeschüchtert?"

Der Meister antwortete: „Warte bis alle gegangen sind, dann werde ich dir deine Frage beantworten."

Den ganzen Tag über betrachtete der Samurai also das Geschehen im Haus des Meisters.

Er sah zu, wie die Besucher kamen und gingen, und wurde des Wartens immer müder. Der Abend brach bereits herein, als der letzte Besucher endlich das Haus des Meisters verließ, und der Samurai den Meister endlich fragen konnte, ob er ihm antworten könne.

„Komm mit nach draußen", sagte der Meister.

Es war eine Vollmondnacht, und der Mond war gerade im Begriff, am Horizont zu erscheinen.

„Schau dir diese Bäume an, mein Sohn", sprach der Meister und deutete auf einen großgewachsenen Baum und einen etwas kleineren, die direkt nebeneinander standen. „Beide Bäume stehen seit Jahren neben meinem Fenster, und niemals gab es auch nur das kleinste Problem mit ihnen. Der kleinere Baum hat den größeren niemals gefragt, 'Warum fühle ich mich minderwertig neben dir?' Der eine Baum hatte nun einmal mehr Zeit zu wachsen, wohingegen der andere seinen Weg noch vor sich hat. Warum also habe ich noch nie ein Murren von ihnen zu Ohren bekommen?"

„Weil sie sich nicht miteinander vergleichen können", stellte der Samurai fest.

„Dann brauchst du mich also nicht mehr zu fragen, du weißt bereits die Antwort", antwortete ihm der Meister daraufhin. \

Zitate zum Thema

„Wende dein Gesicht stets der Sonne zu, dann werden deine Schatten immer hinter dich fallen."
(alte indianische Weisheit)

„Für den Optimisten ist das Leben kein Problem, sondern bereits die Lösung."
(Marcel Pagnol)

„Der Optimist sieht in jeder Schwierigkeit eine Gelegenheit – der Pessimist in jeder Gelegenheit eine Schwierigkeit."
(Günther F. Grass)

„Die meisten Schatten in unserem Lande rühren daher, dass wir uns selber in der Sonne stehen."
(Ralph Waldo Emerson)

„Der einzige Mist, auf dem nichts wächst, ist der Pessimist."
(Theodor Heuss)

„Optimismus erzeugt Tatkraft, Pessimismus lähmt sie."
(Karl Steinbuch)

„Selbst wenn ich wüsste, dass die Welt morgen auseinanderbricht, würde ich trotzdem meinen Apfelbaum pflanzen."
(Dr. Martin L. King)

„Wer hundert Meilen laufen muss sagt sich am besten, das neunzig erst die Hälfte sind."
(chinesische Weisheit)

„Optimismus ist die Fähigkeit, den blauen Himmel hinter den Wolken zu erahnen."
(Madeleine Robinson)

„Gewinnen ist nicht alles, es ist der Wille zum Sieg, der zählt."
(Tom Landry)

„Andere Menschen hatten vielleicht keine hohen Erwartungen an meine Person, aber ich hingegen erwartete sehr viel von mir."
(Shannon Miller)

„Es ist besser, eine Kerze anzuzünden, als die Dunkelheit zu verfluchen."
(Carl Sagan)

„Den Fortschritt verdanken die Menschen den Unzufriedenen."
(Aldous Huxley)

„Ist Notwendigkeit die Mutter des Erfindungsgeistes, so kann Unzufriedenheit als die Mutter des Fortschritts gelten."
(J. D. Rockefeller)

„Das Gesetz der Arbeit erscheint äußerst ungerecht, aber es ist da, und niemand kann es ändern: Je mehr Vergnügen du an deiner Arbeit hast, desto besser wird sie bezahlt."
(Mark Twain)

„Das Wichtigste ist, dass man niemals aufhört, Fragen zu stellen."
(Albert Einstein)

„Du kannst nur zum Sieger werden, wenn du bereit bist, über den Rand zu schauen."
(Damon Runyon)

„Es herrscht niemals viel Verkehr auf der Extrameile."
(Napoleon Hill)

„Ein Pfad teilte sich im Wald, und ich – ich nahm den, auf dem weniger Menschen waren, und das hat den entscheidenden Unterschied ausgemacht."
(Robert Frost)

„Der Preis des Erfolges ist harte Arbeit, Hingabe und die Gewissheit, dass, egal ob wir gewinnen oder verlieren, wir stets unser Bestes gegeben haben."
(Vince Lombardi)

„Es gibt nur zwei Möglichkeiten, was Herausforderungen betrifft. Du bist entweder drinnen oder draußen. Es gibt kein Leben dazwischen."
(Pat Riley)

„Ein Mann, der das Orchester dirigieren will, muss der Menge den Rücken zukehren."
(James Crook)

„Glück ist das, was passiert, wenn gründliche Vorbereitung auf eine Chance trifft."
(Darrel Royal)

„Die einzige Stelle, an der Erfolg vor der Mühe kommt, ist im Wörterbuch."
(Vidal Sassoon)

„Jede Krise hat nicht nur ihre Gefahren, sondern auch ihre Möglichkeiten."
(Martin Luther King)

„Es ist der mangelnde Glaube an sich selbst, der Menschen davon abhält, sich Herausforderungen zu stellen. Ich habe immer an mich selber geglaubt."
(Muhammed Ali)

„Aus nichts kann nichts entstehen."
(William Shakespeare)

„Der Anfang ist die Hälfte vom Ganzen."
(Aristoteles)

„Warum?
Warum nicht?
Warum nicht ich?
Warum nicht jetzt?"
(Der Autor)

III. Teil

Die Wichtigkeit von Träumen und Zielen

„Was für eine Kraft es genau ist, kann ich nicht sagen:
Alles was ich weiß, ist, dass sie existiert und greifbar wird,
wenn ein Mensch den ganz besonderen Bewusstseinszustand
erreicht hat, in dem er genau weiß, was er will, und entschlossen ist, nicht aufzugeben, bis er sein Ziel erreicht hat."

(Theodor Roosevelt)

Von Träumen und Zielen

Das Problem der meisten Menschen heutzutage ist, dass sie nicht über klar definierte Ziele verfügen. Nur die Wenigsten von uns befinden sich in der glücklichen Lage, genau zu wissen, was sie wollen.

Stellen Sie sich einmal vor, Sie verlassen gerade Ihre Wohnung, um sich auf den Weg zum Flughafen zu machen, von wo aus Sie Ihren heiß ersehnten Urlaub auf den Malediven antreten wollen.

Als Sie an Ihrem Auto ankommen, stellen Sie fest, dass dessen Batterie leer ist, und Sie den Wagen nicht starten können. Was tun Sie? Natürlich kümmern Sie sich sofort um eine andere Transportmöglichkeit, damit Sie Ihren Flug nicht verpassen.

Am Flughafen angekommen, stellen Sie zu Ihrem Schrecken fest, dass Sie in all der Aufregung Ihren Reisepass zu Hause vergessen haben. Ohne lange zu zögern, rufen Sie Ihre Mutter an und erzählen Ihr von dem Problem, woraufhin diese Ihnen umgehend den Reisepass am Flughafen vorbei bringt.

In letzter Minute schaffen Sie es tatsächlich noch, Ihren Flug zu erwischen, und lehnen sich gemütlich in Ihrem Sitz zurück, um mehrere Stunden später auf den Malediven zu landen.

Leider stehen Sie dort vollkommen alleine am Flughafen, denn zur Ihrem Pech hat Ihre Reiseagentur schlicht und einfach vergessen, ihre Gäste wie vereinbart abzuholen.

Mit viel Mühe gelingt es Ihnen schließlich, nach mehreren vergeblichen Versuchen, eins der vielen einheimischen Taxis zu ergattern, bis Sie feststellen, dass der Taxifahrer leider nur seiner eigenen

Landessprache mächtig ist. Mit Händen und Füßen erklären Sie ihm notgedrungen Ihr Anliegen, bis dieser endlich verstanden hat, wohin die Reise gehen soll, und sich der Wagen langsam in Bewegung setzt. Nach einiger Zeit sehen Sie ein wunderschönes Gebäude am Ende der Straße auftauchen und erkennen sofort, dass es sich dabei um jenes Hotel handeln muss, welches Sie zuvor im Reiseprospekt gebucht haben. Sie lächeln, als der Fahrer langsam in dessen Einfahrt einbiegt und vor dem Haupteingang zu stehen kommt. Mit einem Blick auf das direkt hinter dem Hotel liegende Meer begeben Sie sich frohen Herzens zur Rezeption, um dort einzuchecken.

Sie sind endlich an Ihrem Ziel angekommen.

Es ist mehr als wahrscheinlich, dass wir ebenso wie die Person im vorherigen Beispiel alles versucht hätten, um unserem Ziel, den Malediven, ein Stück näher zu kommen.

In unserem alltäglichen Leben handeln wir jedoch vollkommen anders, und das liegt einzig und allein daran, dass wir uns nicht jene Ziele aussuchen, auf die wir uns wirklich freuen und für deren Erfüllung wir auch bereit sind zu kämpfen.

Versetzen Sie sich daher noch einmal zurück in Ihre Kindheit, und stellen Sie sich die folgende Frage: Welche Dinge würden Sie auf der Stelle in Angriff nehmen, wenn Sie sich sicher wären, bei deren Erfüllung erfolgreich zu sein?

_____

_____

_____

_____

Psychologen gehen davon aus, dass es lediglich zwei Ängste gibt, die uns von Natur aus angeboren sind. Abgesehen von der Angst vor lauten Geräuschen handelt es sich hierbei lediglich um die Angst vor dem Hinfallen. Die Angst, selbst gesteckte Ziel nicht zu erreichen, gehört jedoch mit Sicherheit nicht zu unseren Ur-ängsten.

So gut wie jeder von uns hat bereits ein gutes Beispiel dafür zu Gesicht bekommen, z. B. wenn klein Benjamin zur Überraschung aller einen Weg aus seinem Laufstall gefunden hat, und sich niemand erklären konnte, wie in Gottes Namen er dies bewerkstelligte. Die Erklärung hierfür liegt auf der Hand.

Das Kind hat in diesem Moment nur sein Ziel vor Augen gehabt und alles andere um sich vergessen. Es existierten noch keine Ängste, die es davon hätten abhalten können, sein Vorhaben in die Tat umzusetzen. Benjamin kletterte einfach munter drauflos, bis er sein Ziel erreicht hatte. Wäre das Kind dazu in der Lage gewesen, zuerst seine Eltern zu fragen, so hätten ihm diese mit Sicherheit erklärt, dass es ihm nicht möglich sei, aus dem Laufstall zu klettern, weil es noch zu klein sei, und daher noch nicht über die nötigen Fähigkeiten verfüge.

Eltern meinen es zwar in diesem Moment nur gut mit ihrem Kind, doch ist dies nur ein Beispiel für eine Vielzahl gutgemeinter Ratschläge in unserem Leben, die dafür verantwortlich sind, dass die meisten von uns stets weit unter ihrem möglichen persönlichen Level agieren.

Die kindliche Fähigkeit, das Ziel anzuvisieren und darauf hinzuarbeiten, bis es erreicht ist, müssen wir als Erwachsene daher erst wieder erlernen. Nur wenige von uns befinden sich bereits jetzt in der glücklichen Lage, ihre angeborenen Fähigkeiten zur Gänze zu nutzen, ungeachtet dessen, was ihre Umwelt darüber denkt.

Alle großen Erfolgsgeschichten der menschlichen Geschichte sind jedoch ausnahmslos von Persönlichkeiten geschrieben worden, die unabhängig von der Meinung anderer ihre Ziele verfolgten und sich so an ihre wirklichen individuellen Grenzen herantasteten. Momentan kann man die Situation, in der sich die meisten von uns befinden, allerdings eher mit einem Auto vergleichen, das Tag für Tag mit angezogener Handbremse über die Straße rollt.

Egal was wir auch anstellen – wir schöpfen, gehemmt durch unseren Geist, unser verfügbares Potenzial niemals auch nur annähernd voll aus. Eine Studie der Universität Harvard hat in diesem Zusammenhang Folgendes ergeben:

Zwanzig Jahre nach ihrem Abschluss wurden die Studenten eines bestimmten Jahrgangs noch einmal aufgesucht und befragt. Bei dieser Gelegenheit fand man heraus, dass jene drei Prozent von ihnen, die bereits während ihres Studiums über klar definierte, niedergeschriebene Ziele verfügten, beruflich mehr erreicht hatten als die anderen 97 Prozent zusammengenommen.

Die Untersuchung brachte außerdem ans Tageslicht, dass der persönliche Erfolg dieser drei Prozent nichts mit ihrer Intelligenz oder sozialen Herkunft zu tun hatte, sondern einzig und allein auf deren fokussierte Vorgehensweise zurückzuführen war. Sie waren zwar nicht die besten Studenten, aber sie waren die zielstrebigsten.

An diesem Beispiel wird deutlich, wie wichtig klar definierte Ziele im Leben eines Menschen sind. Es kann daher nur in unserem Interesse liegen, so bald wie möglich auch unsere eigenen persönlichen Ziele klar zu formulieren und an deren Verwirklichung zu arbeiten, damit wir selber erfolgreich und glücklich werden können. Diese Ziele können natürlich von Person zu Person stark variieren.

Während dem einen nach reiflichem Überlegen vielleicht klar

wird, dass er eigentlich schon immer Direktor seiner Bank sein wollte und sich bisher einfach noch nicht traute, dieses Ziel anzustreben, wird dem anderen auf einmal bewusst, dass es schon immer sein Traum war, eine seiner theoretischen Erfindungen in die Tat umzusetzen.

Es spielt keinerlei Rolle, wie Ihr persönliches Ziel aussieht, wichtig ist erst einmal nur, dass Sie ein Ziel finden, das es Wert ist, darum zu kämpfen.

Ein erster Plan

Was die meisten Menschen davon abhält, ihre gesteckten Ziele zu erreichen, ist die Tatsache, dass diese auf Ergebnissen beruhen. Solange man seinen Blickpunkt jedoch ausschließlich auf das Ergebnis konzentriert, können den Einzelnen schnell Gefühle wie Frustration und Unzufriedenheit übermannen, die letztendlich dazu führen, dass wir den Glauben an unser Ziel vollends verlieren. Wir verlieren den Glauben an unsere Fähigkeit, das Ziel wirklich zu realisieren. Damit wir in der Lage sind, unser volles Potenzial zu nutzen, müssen wir lernen, unsere Ziele anders zu definieren, indem wir die Konzentration auf die erforderlichen Maßnahmen zur Zielerfüllung in den Vordergrund stellen. „Ein Ziel ist ein Traum, den wir mit einem Plan versehen haben, und dann schreiten wir zur Tat", hat Zig Ziglar in diesem Zusammenhang vollkommen treffend erkannt. Folgende Punkte sind in diesem Zusammenhang wichtig:

- Setzen Sie sich ein Endziel, welches Sie in jedem Fall erreichen wollen. (Dieses sollten Sie eher zu hoch als zu niedrig ansetzten.)

- Erstellen Sie sich einen Plan, aus dem sich Tages-, Wochen- und Monatsziele ergeben.
- Konzentrieren Sie sich ausschließlich auf die Aufgabe, die gerade vor Ihnen liegt.

Der beste Weg, sich seine Tages-, Wochen- und Monatsziele zu erarbeiten, besteht also darin, von Ihrem Endziel ausgehend einen Plan auszuarbeiten, den Sie bis zur täglich erforderlichen Aufgabenbewältigung zurückverfolgen.

Ein Thema, das die meisten Menschen bewegt, ist das liebe Geld. Nehmen wir einmal an, Sie wollen sich in 20 Jahren einen Wunsch erfüllen, von dem Sie schon immer geträumt haben. Eine Weltreise mit Ihrem Partner wäre vielleicht ein schönes Beispiel. Ihre Recherchen haben ergeben, dass solch eine Reise mindestens 50.000 Euro kosten würde, wenn Sie bei Ihrem Traum auf nichts verzichten wollen. Sie verdienen jedoch nur 2.000 Euro im Monat, von denen Sie alle Kosten bestreiten müssen. Wie kommen Sie an die benötigte Summe? Viele Menschen würden bereits hier resignieren und den Kopf in den Sand stecken oder bereits nach kurzer Zeit den Glauben an ihren Traum aus den Augen verlieren.

Wir wollen der Sache einmal auf den Grund gehen und zäumen das Pferd hierzu einfach von hinten auf. Wenn wir die 50.000 Euro durch die zwanzig Jahre teilen, ergibt das 2.500 Euro, die wir im Jahr sparen müssten, um unser Ziel zu erreichen. Teilen wir diese 2.500 Euro durch die 12 Monate eines Jahres, kommen wir auf 208,30 Euro, die wir monatlich aufbringen müssten, um unseren Traum wahr werden zu lassen. Der Monat hat jedoch vier Wochen, durch die wir diese Zahl noch einmal teilen, und auf 52,80 Euro pro Woche kommen, die wir beiseite legen müssten, um erfolgreich zu sein. Die

Woche wiederum hat sieben Tage. Teilen wir also die 52 Euro noch durch sieben, kommen wir auf 7,44 Euro, die wir täglich sparen dürfen, um uns unseren Traum zu erfüllen. Trauen Sie sich das zu? Weiter im Text, denn was im Kleinen funktioniert, funktioniert natürlich auch im Großen. Viele Menschen haben mich ein ums andere Mal gefragt, wie sie es bewerkstelligen können, eines Tages einmal Millionär zu werden, um ihre finanzielle Unabhängigkeit zu erreichen. In einer Zeit, in der neben den gesetzlichen Renten auch die Betriebsvorsorgen immer weiter schrumpfen, stellt dies natürlich ein überaus sinnvolles Ziel dar. Bleiben wir hierzu einfach einmal bei dem vorherigen Beispiel, bei dem wir 7,44 Euro täglich sparen, um in zwanzig Jahren über 50.000 Euro zu verfügen. Monatlich hätten wir auf diese Weise 208,30 Euro zur Verfügung, die wir natürlich auch anlegen können, um das Geld zusätzlich für uns arbeiten zu lassen. Folgende Beträge würden Dank dem Zinseszinshebel auf diese Art und Weise zustande kommen:

- 2 % Verzinsung würden uns 61.391,60 Euro einbringen.
- 6 % Verzinsung ergeben 94.937,61 Euro.
- 10 % Verzinsung lassen uns 150.919,30 Euro unser eigen nennen.
- 15 % Verzinsung würde uns um 276.873,50 Euro reicher machen.

Und dies alles würden Sie erreichen, indem Sie lediglich 7,44 Euro pro Tag beiseite legen. Nicht schlecht, oder was meinen Sie? Ich bin mir sicher, dass jedem Menschen Mittel und Wege einfallen, die es ihm ermöglichen, diesen Betrag zu erübrigen. Besonders den Rauchern unter ihnen sollte ein Gedanke ganz spontan in den Sinn kommen! Ich gebe zu, dass man sich für Renditen jenseits der 6%-

Marke zwar etwas mit der Materie auseinandersetzen muss, doch ist es eigentlich ganz leicht, wenn man die Mechanismen einmal verstanden hat. „Ich hätte niemals gedacht, dass es so einfach sein würde", habe ich bereits zahllose Male im meinen eigenen Money-Coaching-Seminaren zu hören bekommen, wenn die Teilnehmer die zu Grunde liegenden Zusammenhänge erkannt haben.

Mein persönlicher Zielplan

Finden Sie zu jedem der drei Lebensbereiche mindestens drei Ziele und je ein Lebensziel, welches Sie erreichen möchten.

1. Persönliche Ziele

_____

_____

_____

Persönliches Lebensziel

_____

_____

_____

2. Familiäre Ziele

_____

_____

_____

Familiäres Lebensziel

_____

_____

_____

3. Berufliche bzw. geschäftliche Ziele

_____

_____

_____

Berufliche bzw. geschäftliche Lebensziele

_____

_____

_____

Nachdem Sie Ihre ganz persönlichen Ziele formuliert haben, sollten Sie sie nun der Wichtigkeit nach ordnen und sich dem für Sie wichtigsten zuerst zuwenden. Welches Ziel hat für Sie persönlich höchste Priorität, und welche sind eher als zweitrangig einzustufen?

PERSÖNLICHE ZIELE

1. _____

_____

2. _____

_____

3. _____

_____

4. _____

_____

5. _____

_____

FAMILIÄRE ZIELE

1. _____

_____

2. _____

_____

3. _____

_____

4. _____

_____

5. _____

_____

BERUFLICHE BZW. GESCHÄFTLICHE ZIELE

1. _____

_____

2. _____

_____

3. _____

_____

4. _____

_____

5. _____

_____

Im nächsten Schritt geht es darum, sich das Ziel so gut wie möglich vor Augen zu führen.

Dazu ist es dringend notwendig, dass Sie in diesem Zusammenhang alle Sinne einsetzen, die Ihnen von der Natur mit auf den Weg gegeben worden sind. Nehmen wir einmal an, dass Ihnen schon seit geraumer Zeit ein ganz bestimmtes Traumhaus im Kopf herumspukt. Statten Sie diesem in Ihrem Geiste doch einfach einmal einen Besuch ab. Fangen Sie am Besten beim Betreten des Grundstückes an, von wo aus Sie langsam auf die Haustür zugehen. Stellen Sie sich vor, dass die Sonne scheint und der Hausschlüssel, der bereits im Türschloss steckt, diese sanft reflektiert. Alles was Sie tun müssen, ist, den Schlüssel herumzudrehen und in Ihr Haus einzutreten, um sich voller Stolz einen Rundgang zu gönnen. Wie fühlt es sich an, wenn Sie die verschiedenen sonnendurchfluteten Räume Ihres Hauses betreten und sich an deren Schönheit erfreuen? Ziehen Sie einmal die Schuhe aus, und spüren Sie, wie sich der Boden unter Ihren Füßen anfühlt. Zum Relaxen legen Sie sich in Ihr wunderbar gemütliches Bett, während Sie sich vielleicht ein Entspannungsbad einlassen, dessen Duft bald den gesamten Raum erfüllt. Völlig entspannt begeben Sie sich später in Ihren wunderschön arrangierten Garten und lauschen überwältigt von dessen Schönheit den Gesängen der Vögel. Was empfinden Sie, wenn Sie sich Ihr Haus im Geiste so vorstellen? Wenn Sie Ihre Augen wieder öffnen, haben Sie in jedem Fall eine genaue Vorstellung davon, wie Ihr Traum einmal aussehen soll. Dieser innere Film wird Ihnen eine ungeheure Motivationsquelle auf dem Weg zu Ihrem Ziel sein, welches Sie immer bei sich tragen können, um es jederzeit zu besuchen, wenn Sie es wünschen. Doch wenden wir uns nun erst einmal Ihren eigenen Zielen zu.

Bei der Formulierung Ihres Zieles ist es von größter Wichtigkeit, dass Sie sich an gewisse Gesetzmäßigkeiten halten. Erinnern Sie sich noch an das Thema Autosuggestion? Richtig, Ihr Unterbewusstsein kann mit Worten wie *nicht, kein, weniger* oder *nicht mehr* nichts anfangen.

1. Ein Beispiel wäre der Wunsch: „Ich möchte nicht mehr zur Miete wohnen."

   Was versteht Ihr Unterbewusstsein stattdessen? „Ich möchte zur Miete wohnen." Ist das Ihr Anliegen? Natürlich nicht!

   Formulieren Sie Ihre Wünsche stattdessen möglichst genau, indem Sie davon absehen, zu erwähnen, was Sie nicht haben möchten, sondern vielmehr genau beschreiben, was Sie gedenken zu erreichen.

2. Beschreiben Sie Ihr Ziel immer in der „Ich" Form, damit es für Ihr Unterbewusstsein keine Unklarheiten gibt.

3. Benutzen Sie bei der Zielformulierung immer die Gegenwartsform.

   Stellen Sie sich nun vor, Sie hätten Ihr Ziel bereits erreicht, und fangen Sie am Besten mit dessen visueller Beschreibung an.

   Um auf das ursprüngliche Beispiel zurückzukommen, würde eine geeignete Zielvorstellung etwa folgendermaßen aussehen:

„Ich wohne in meinem eigenen Haus." Wir wollen das Ganze einmal anhand eines Ihrer Ziele ausprobieren. Suchen Sie sich also Ihr ganz persönliches Ziel aus, und schon kann es losgehen. Dazu sollten Sie sich folgende Fragen stellen:

1. **Wie genau sieht mein Ziel aus?**

_____

_____

_____

_____

2. **Gibt es noch andere Dinge oder Objekte, die mit meinem Ziel in Verbindung stehen?**

_____

_____

_____

_____

Als Nächstes verdeutlichen Sie sich bitte sämtliche akustischen Eindrücke, die mit Ihrem Ziel in Verbindung stehen. Dazu gehören:

3. **Stimmen – Was höre ich für Stimmen? Kann ich die Stimmen bestimmten Personen zuordnen?**

_____

_____

_____

_____

4. Töne bzw. Geräusche – Welche Geräusche kommen auf, wenn ich mein Ziel vor Augen habe?

_____

_____

_____

_____

Natürlich spielt auch Ihr Geruchsinn eine große Rolle und darf daher nicht außer Acht gelassen werden.

5. Zielbezogene Gerüche – Gibt es einen ganz besonderen Geruch, der mit meinem Ziel in Verbindung steht?

_____

_____

_____

_____

Versuchen Sie nun einmal, sich voll und ganz auf das Zielbild zu konzentrieren, und lassen Sie es wie einen Minifilm vor Ihrem inneren Auge ablaufen.

Gibt es irgendetwas, das Sie noch stört? Wenn ja, dann ändern Sie den betreffenden Aspekt Ihres Zielbildes, bis sich für Sie ganz persönlich ein zufriedenstellendes Bild ergibt.

6. Zielbezogene Empfindungen – Was empfinde ich, wenn ich mein Ziel nun in aller Deutlichkeit vor mir sehe?

_____

_____

_____

_____

7. Sind mit meinem Ziel irgendwelche finanziellen Kosten verbunden? Wenn ja, welche?

_____

_____

_____

_____

8. Welche Fähigkeiten besitze ich, die mir dabei helfen können, mein Ziel zu erreichen? (Was kann ich jeden Tag tun, um mein Ziel zu erreichen?)

_____

_____

_____

_____

9. Welche Fähigkeiten darf ich mir noch aneignen?

_____

_____

_____

_____

10. Welchen Nutzen hat mein Ziel für mich und die beteiligten Personen?

_____

_____

_____

_____

11. Welchen Sinn hat das Ziel für mich?

_____

_____

_____

_____

12. Wer kann mir helfen, mein Ziel zu erreichen?

_____

_____

_____

_____

13. Was spricht gegen mein Ziel? (Finden Sie für jedes Hindernis mindestens drei Lösungen.)

_____

_____

_____

_____

14. Bis wann will ich das Ziel erreicht haben?

_____

_____

_____

_____

15. Wann beginne, ich mein Ziel anzustreben?

_____

Datum, Unterschrift ....

Wenn Sie in einigen Jahren zurückschauen, werden Sie merken, wie verblüffend die Veränderungen waren, die sich durch die einfache Formulierung Ihrer Ziele ergeben haben. Eine angenehme Klarheit hat von Ihnen Besitz ergriffen, und Sie werden sich fragen, warum Sie eine Zielformulierung nicht bereits viel früher in Ihrem Leben vorgenommen haben. Wie ein Autopilot hat Ihr Unterbewusstsein Ihnen dabei geholfen, Schritt für Schritt in die richtige Richtung zu gehen, und hat Ihnen auf diese Art unglaubliche Vorteile verschafft. Ich vergleiche dieses Phänomen gerne mit einem Menschen, der sich gerade ein neues Auto gekauft hat, und dieses Modell, welches ihm vorher nie aufgefallen ist, plötzlich an jeder Straßenecke wiedersieht. Natürlich waren die Autos vorher auch da, doch sind ihm diese halt leider nie aufgefallen. Genauso verhält es sich mit unseren Zielen, die wir, wenn wir sie einmal konkretisiert haben, mit dem Autokauf gleichsetzen wollen. Die Gelegenheiten, auf die Sie danach treffen werden, waren eigentlich schon immer in Ihrer Reichweite, nur haben Sie sie, genau wie das Automodell, vorher nie wahrgenommen. Verantwortlich dafür ist auch in diesem Falle Ihr Unterbewusstsein. Dieses hat jetzt einen sprichwörtlichen Autopiloten eingeschaltet, der Sie sicher die geeigneten Maßnahmen und Möglichkeiten nutzen lässt, um Ihren Weg möglichst schnell und sicher zu beschreiten. Genau wie bei unserem Lieblingslied, bei dem wir unbewusst sofort anfangen mitzusingen oder zu summen, wenn es im Radio ertönt, springen wir nun unbewusst auf jede Möglichkeit an, die uns unserem Lieblingsziel näherbringt.

Das Erstellen einer Zielcollage

Wie wir bereits festgestellt haben, denkt der Mensch in Bildern, und genau diesen Umstand können wir uns in Bezug auf unsere Ziele enorm zu Nutzen machen. Hierzu fertigen Sie einfach eine Collage an, auf der all unsere Ziele festgehalten sind. Sie benötigen hierfür lediglich einen schönen Bilderrahmen und eine Kartonage, auf der Sie ausgeschnittene Fotos befestigen können. Als Quelle können Ihnen zum Beispiel Zeitschriften, Journale oder das Internet dienen, die Sie nach den bildlichen Eindrücken Ihrer Wahl durchforsten. Finden Sie eine Abbildung, die Ihrem Ziel entspricht, so schneiden Sie diese einfach aus und kleben sie auf die Kartonage. Nach und nach arrangieren Sie auf diese Art und Weise sämtliche Ihrer Ziele auf diesem Untergrund und versehen sie mit einem fixen Datum, bis wann Sie sie erreicht haben wollen. Danach hängen Sie Ihre Zielcollage an einen Platz, der es Ihnen ermöglicht, sich Ihre Ziele tagtäglich zu visualisieren. Ihre Erfolgswand wäre zum Beispiel solch ein Ort. Ein Bestandteil meiner Zielcollage ist zum Beispiel ein Haus, welches ich täglich betrachte und das in seiner ganzen Pracht über meinem Schreibtisch thront. Jedes Mal, wenn ich bei der Arbeit meinen Blick erhebe, fällt mein Blick unweigerlich auf dieses architektonische Meisterwerk, und ein warmes Gefühl fließt durch meinen Körper. Natürlich kann sich das Arrangement der Fotos über die Jahre verändern, wenn Sie zum Beispiel eines Ihrer Ziele erreicht haben und durch ein neues ersetzen, doch bleibt der Sinn immer der gleiche. Durch jeden Blick auf dieses Kunstwerk werden Sie nachhaltig daran erinnert, wonach Sie eigentlich streben, und so werden Sie auch in Situationen, in denen Sie einen kleinen Durchhänger haben, mit positiver Energie versorgt.

Ein gutes Beispiel hierfür ist ein guter Freund von mir, der sich bereits früh in seinem Leben seine eigenen Ziele ausgeschnitten und als Collage an die Wand gehängt hat, ohne über die Macht der Zielcollage Bescheid zu wissen. Darauf zu sehen waren jene Dinge, die für ihn als junger Mann damals von großer Wichtigkeit waren, wie zum Beispiel eine teure Uhr, ein Sportwagen und ein Luxusmotorrad. Diese Collagen hängte er überall in seiner Wohnung auf und erntete dafür jahrelang Verständnislosigkeit von seiner Familie, weil sie es als völlige Utopie ansah, dass er mit seinem Beruf als Schlosser jemals genug Geld verdienen würde, um sich all diese Dinge leisten zu können. Einzig und allein sein Vater hielt sich bedeckt und schüttelte lediglich den Kopf, als er sah, was sein Sohn an den Wänden befestigte. Es dauerte nicht lange, und mein Freund fing an, sich neben seiner Tätigkeit als Schlosser ein zweites Standbein in der Selbstständigkeit aufzubauen, und langsam aber sicher wuchs er immer weiter in diese neue Existenz hinein, bis er seinen erlernten Beruf des Schlossers letztendlich vollends an Nagel hängte, um sich fortan ausschließlich auf seine wahren Qualitäten zu besinnen, die ihn automatisch seinen Zielen näherbrachten. Nach vier Jahren war es dann endlich soweit, und er erfüllte sich nach und nach jeden einzelnen seiner heiß ersehnten Träume und schenkte auch jedem seiner Elternteile eine kostspielige Luxusuhr. Der Vater musste lächeln, als er die Uhr überreicht bekam, und in einer ruhigen Minute nahm er seinen Sohn beiseite: „Weißt du, warum ich damals nichts gesagt habe, als ich deine Zielcollage das erste Mal zu Gesicht bekam?" fragte er ihn. Mein Freund schüttelte den Kopf. „Dein Onkel," fuhr der Vater fort, „hat vor dreißig Jahren genau das Gleiche getan, als er sich in den Kopf gesetzt hatte, nach Kanada auszuwandern und wohlhabend zu werden. Auch er wurde von allen Seiten belächelt, bis er letztendlich seine Koffer packte und sich lediglich mit einem

One-Way-Ticket ausgestattet auf den Weg nach Nordamerika machte, um dort ein wohlhabender Mann zu werden. Damals gehörte ich zu jenen, die ihren Kopf über soviel vermeintliche Naivität geschüttelt haben, und deshalb habe ich geschwiegen, als du mit genau der gleichen Marotte angefangen hast. Ihr beide gleicht euch ungemein, mein Sohn, und ich bin froh und stolz, dass du deinen Weg gegangen bist."

In meinen Augen ist dies ein wunderbares Beispiel, um zu verdeutlichen, wie viel Macht das Visualisieren unserer Ziele auf uns ausübt. Es bleibt mir daher nur, Ihnen nahezulegen, so schnell wie möglich Ihre eigene Zielcollage zu erstellen, und sich deren Kraft zu bedienen. Was haben Sie schon zu verlieren?

Feng-Shui-Elemente als zusätzlicher Turbo

Die Grundlage dieser Lehre existiert bereits seit mehreren tausend Jahren in der fernöstlichen Kultur. Die Meister dieses Faches genießen in ihrem Kulturkreis auch heute noch großes Ansehen, und langsam aber sicher akzeptiert und nutzt auch die westliche Welt dessen Vorzüge.

Feng Shui bedeutet, seine Umwelt durch bewusstes Handeln so zu ordnen, dass man sich selber in Harmonie mit seiner Umgebung befindet.

Die alte asiatische Lehre des Feng Shui können Sie sich ebenfalls für Ihre Ziele zu Nutze machen. Es steht außer Frage, dass Gegenstände, die Sie in Ihrer Wohnung horten, allenfalls Platz wegnehmen und den Blick auf das Wesentliche versperren.

Glaubt man an die Lehre des Feng Shui, wie es zahlreiche renommierte Wirtschaftsunternehmen tun, wie zum Beispiel die amerikanische Fluggesellschaft Virgin Air oder die Midland Bank, um nur zwei zu nennen, so sollten Sie sich von jenen Dingen, für die Sie keine Verwendung mehr haben, trennen.

Hält man sich an die Regeln des Feng Shui, so ist es möglich, den Energiefluss, das so genannte *Chi*, den Bedürfnissen anzupassen und negative Energieabflüsse zu vermeiden.

Am Besten fangen Sie erst einmal damit an, Möbelstücke und Gegenstände, die Sie nicht mehr nutzen, aus Ihrer unmittelbaren Umgebung zu entfernen. Dabei kann es sich ebenso um alte Zeitungen handeln wie um Geschirr, Kleidung oder ganze Schränke. Solche Gegenstände sammeln im Laufe der Jahre negatives, stagnierendes Chi an, welches auf das Feng Shui und damit auf Ihre Lebensqualität eine bremsende Wirkung hat. Besonderes Augenmerk sollten Sie hierbei auf Ihren Keller richten, der im Feng Shui für die Vergangenheit steht. Viele Menschen tendieren dazu, Gegenstände über Jahre zu horten, auch wenn Sie diese höchstwahrscheinlich nie mehr verwenden werden. Beeinträchtigt wird hierdurch jedoch ebenfalls der positive Chi-Fluss, und der Einzelne wird entscheidend davon abgehalten, seine Vergangenheit loszulassen und sich der Zukunft zuzuwenden. Die Aussage: „Zeige mir deinen Keller, und ich sage dir, in welchem Stadium du dich befindest," würde hier zutreffen.

Schlagen Sie zwei Fliegen mit einer Klappe, und spenden Sie jene Dinge, die Sie selber nicht mehr benötigen, karitativen Einrichtungen, und erhöhen Sie das Guthaben auf Ihrem positiven Konto.

Feng-Shui-Grundlagen für Ihr Arbeitszimmer

Aus eigener Erfahrung kann ich Ihnen sagen, dass schon leichte Veränderungen in Ihrem Arbeitszimmer eine gewaltige Auswirkung auf Ihr Wohlbefinden und damit auf Ihre Leistungsfähigkeit haben können. Nachdem Sie Ihr Büro von sämtlichen Gegenständen befreit haben, die Sie nicht mehr brauchen, wenden wir uns einmal dem richtigen Arrangement Ihres Schreibtisches zu. Diesen sollten Sie nach Feng Shui immer so postieren, dass Sie, wenn Sie auf Ihrem Stuhl Platz nehmen, gleichzeitig die Eingangstür und das Fenster im Blick haben. Sie werden sich wundern, was alleine diese kleine Änderung bewirken wird. Achten Sie außerdem darauf, dass sich auf Ihrem Tisch wirklich nur jene Dinge befinden, die Sie tatsächlich für Ihre momentane Tätigkeit benötigen. Sie Lehre des Feng Shui geht in davon aus, dass Arbeiten an einem unaufgeräumten Platz mindestens doppelt so viel Zeit in Anspruch nimmt wie bei einem aufgeräumten Schreibtisch. Viele Menschen tendieren dazu, zum Beispiel Familienfotos auf Ihrem Schreibtisch zu postieren. Suchen Sie nach Möglichkeit auch für diese einen anderen Platz in Ihrer Umgebung. Auf Ihrem Schreibtisch haben Sie zumindest nichts zu suchen.

Für jene von Ihnen, die Schwierigkeiten haben, sich mit den Denkstrukturen der Asiaten anzufreunden, empfiehlt es sich, die Macht des Unterbewussten aus den Grundlagen der westlichen Psychologie als Erklärung heranzuziehen. Wenn nach Veränderung nach den Feng-Shui-Prinzipien die Kollegen auf einmal sympathischer und kooperativer wirken, sich die Spannungen mit dem Lebenspartner allmählich lösen, oder das eigene Geschäft nach einer längeren Flaute wieder läuft, dann erklären Sie diese Veränderung einfach damit, dass allein das tätige Handeln in Ihrem direkten Umfeld Ihr Unterbewusstsein so beeinflusst hat, dass Sie sich wohler fühlen und Ihnen deshalb mehr gelingt. Egal wie Sie es auch drehen: Feng Shui funktioniert – ob Sie daran glauben oder nicht.

Short Stories zum Thema

/ Die Schwimmerin (aus dem Amerikanischen)

Im Herbst des Jahres 1952 versuchte die damals 34-jährige Florence Chadwick als erste Frau in der Geschichte, die Meerenge zwischen der Insel Katalina und der kalifornischen Küste zu durchqueren.

An diesem Morgen war das Meer extrem kühl, und der bereits beste-hende Nebel wurde immer stärker, so dass man schon bald die eigene Hand nicht mehr vor Augen sehen konnte. Florence hatte große Mühe, den Kontakt zu ihrem Begleitboot nicht zu verlieren.

Stundenlang schwamm sie nun schon unter diesen schlechten Beding-ungen durch das aufgewühlte Meer, ohne dass sie ihr Ziel, die kaliforni-sche Küste, auch nur einmal zu Gesicht bekam.

Ihre Betreuer, die ihre zunehmende Verunsicherung spürten, versuch-ten ihr immer wieder Mut zuzusprechen, doch alles was Florence jetzt noch sehen konnte, war der Nebel.

Auf einmal hörte sie einfach auf zu schwimmen und ließ sich von ihren Helfern völlig demoralisiert aus dem Wasser ziehen. Obwohl ihr diese zuriefen, dass es nicht mehr weit bis zur Küste sei, konnte sie sich einfach nicht mehr dazu überwinden, auch nur einen Meter weiter zu schwimmen, und gab resigniert zum ersten Mal in ihrem Leben auf.

In einem späteren Interview antwortete sie auf die Frage, was genau sie zur Aufgabe gezwungen habe, sie sei überzeugt davon, dass sie es ge-schafft hätte, wenn sie nur einmal die Küste zu Gesicht bekommen hätte.Es waren also nicht die Kälte oder der Umstand, dass sie ständig von Haien umkreist wurde, die sie zu Aufgabe gezwungen hatten, sondern einzig und allein der harmlose Nebel.

Florence hatte schlicht und einfach ihr Ziel aus den Augen verloren.

Zwei Monate später versuchte sie sich noch einmal an der gleichen Strecke. In der Zwischenzeit hatte sie viel Zeit damit verbracht, sich die Route genau einzuprägen. Ein ums andere Mal war sie sie mit dem Boot abgefahren und hatte insbesondere das genaue Bild der Küste verinnerlicht, um jederzeit ein klares Ziel vor Augen zu haben.

Obwohl auch bei ihrem erneuten Rekordversuch die gleichen Nebelprobleme herrschten, ließ sie sich diesmal nicht aus der Ruhe bringen. Das Bild von der kalifornischen Küste war diesmal stets in ihrem Kopf präsent, und nach etlichen Stunden auf dem Meer hatte sie es endlich geschafft.

Durch den Nebelschleier direkt vor ihren Augen konnte sie klar die Umrisse des Hafens erkennen.

Florence Chadwick war an ihrem Ziel angelangt. \

/ Die Jungunternehmer (der Autor)

Es war Mitte der siebziger Jahre, als Steven nach Hause kam und seiner Frau von dem Entschluss berichtete, zusammen mit seinem Freund und Namensvetter Steve einen eigenen Computer zu bauen und zu verkaufen.

Als seine Frau von Stevens Entschluss erfuhr, versuchte sie verzweifelt, ihm das Vorhaben irgendwie auszureden. Schließlich hatte er, ganz im Gegensatz zu seinem fünf Jahre jüngeren Partner, einen gut bezahlten Job bei Hewlett Packard, welcher der Familie ein gesichertes Auskommen bereitete.

Es dauerte lange, bis Steven es endlich geschafft hatte, seine Frau von der Einzigartigkeit ihrer Idee zu überzeugen, doch war er zu guter Letzt erfolgreich. Schon am nächsten Tag machte er sich zusammen mit Steve in dessen Wohnzimmer daran, die ersten Entwürfe für ihren Computer zu entwickeln.

Nach einigen Wochen hatten sie bereits die ersten 25 Computer fertiggestellt, und es dauerte nicht lange, bis Steve einen Interessenten für ihr Produkt fand.

Doch nun standen sie vor einem vollkommen neuen Problem. Das Geld, welches sie aus dem Erlös der Computer erzielt hatten, reichte gerade einmal aus, um ihre entstandenen Unkosten zu decken. Es ermöglichte ihnen jedoch nicht, Kapital in eine Weiterentwicklung ihrer Computer Marke Eigenbau zu investieren.

Schweren Herzens fällten sie daraufhin die Entscheidung, die einzigen Luxusgegenstände zu verkaufen, die ihnen noch geblieben waren, um nötiges Geld zu besorgen. Während Steven seinen heiß geliebten Hewlett-Packard-Taschenrechner verkaufte, musste sich Steve derweilen von seinem geliebten VW-Bus trennen. Mit Hilfe dieser Finanzspritze machten sie sich nun daran, die nächste Generation eigener Computer zu entwerfen.

Die beiden waren fast fertig, als ihnen auf einmal einfiel, dass sie überhaupt noch keinen Namen für ihre junge Firma hatten. Angestrengt machten sie sich Gedanken über einen geeigneten Namen, und es war der jüngere Steve, der den ersten Vorschlag machen sollte. In Anlehnung an einen seiner vielen Gelegenheitsjobs, bei denen er unter anderem als Obstpflücker gearbeitet hatte, schlug er seinem Partner vor, die Firma doch einfach Apple zu nennen. Steven gefiel der Name auf Anhieb, und somit tauften die beiden ihr noch junges Unternehmen auf den Namen einer Frucht, bevor sie ihre neuen Geräte auslieferten.

Steven Wozniak und Steve Jobs wurden innerhalb kürzester Zeit nach deren Auslieferung von einer wahren Auftragsflut überrannt und konnten mit der Produktion kaum nachkommen.

Der Rest der Erfolgsgeschichte von Apple Computers dürfte jedem von uns bekannt sein.

Steven Wozniak und Steve Jobs gehören heute zu den reichsten Menschen auf unserem Planeten. \

/ Die Bergsteiger

Im Frühjahr des Jahres 1996 machten sich elf abenteuerlustige Amateurbergsteiger unter Anleitung von Rob Williams, einem professionellen Führer, auf den Weg, um den Gipfel des Himalaja zu erstürmen.

Bereits nach wenigen Stunden machten sich bei Buck Weathers, einem der Hobbysportler, erste gesundheitliche Probleme bemerkbar, und man verabredete daher, ihn erst einmal zurückzulassen, um ihn beim späteren Abstieg wieder einzusammeln.

Ohne Zelt und Funkgerät machte es sich Buck daraufhin in der rauen Gebirgswand so gemütlich wie möglich und wartete geduldig auf die Rückkehr seiner Kameraden, als auf einmal ein schlimmer Sturm aufzog, der die Umgebung schlagartig in eine weiße Hölle verwandelte.

Von einer auf die andere Sekunde befand sich die gesamte Expedition in akuter Lebensgefahr, und Rob Williams, der Leiter der Expedition, nahm daher umgehend Kontakt mit dem Basislager auf.

Schweren Herzens teilte er dem Lager mit, dass sie sich zwar bereits wieder auf dem Abstieg befänden, jedoch leider keine Möglichkeit sahen, ihren zurückgelassenen Kameraden Buck Weathers, der ohne jeglichen Schutz etwas tiefer am Berg auf sie wartete, zu bergen.

Der Sturm war einfach zu stark.

Stattdessen mussten sich die Kletterer schon bald dazu entschließen, sogar ihre Notzelte aufzuschlagen, um zumindest ihr eigenes Leben vor dem herrschenden Unwetter zu retten. Jedem von ihnen war zu diesem Zeitpunkt klar, dass sie ihren Kameraden Buck höchstwahrscheinlich nicht mehr lebendig zu Gesicht bekommen würden.

Die Stunden vergingen, und der Sturm wollte einfach nicht abschwächen, als die mittlerweile eingeschneiten Kletterer erneut Kontakt zum Basislager aufnahmen und verzweifelt die Ernsthaftigkeit ihrer Lage schilderten.

Mehr tot als lebendig bat der Bergführer Rob Williams über Funk seine

Kameraden darum, mit dem Satellitentelefon eine Verbindung zu seiner Frau herzustellen, damit er noch ein letztes Mal ihre Stimme hören konnte. Als die Verbindung stand, teilte er ihr unter Tränen ein letztes Mal mit, wie sehr er sie liebe, um sich dann endgültig von ihr zu verabschieden.

Verzweifelt versuchten seine Kameraden im Basislager noch einmal, ihn zum Durchhalten zu überreden, doch war Rob einfach nicht mehr zu motivieren. Er hatte mit seinem Leben bereits abgeschlossen.

Etliche Stunden später machten sich seine Retter auf den Weg, um ihn aus seiner misslichen Lage zu befreien, doch konnten sie ihn sowie die meisten Mitglieder der Expedition nur noch tot aus ihren Zelten bergen. Völlig niedergeschlagen wollten sie nun auch die letzte Leiche von Buck Weathers, der noch nicht einmal über ein schützendes Zelt verfügt hatte, bergen, doch sollte sie eine große Überraschung erwarten. Ungläubig sahen sie auf einmal, wie die Umrisse einer Person auf sie zugestapft kamen. Buck Weathers war am Leben!

Umgehend veranlasste man seinen sofortigen Transport in das nächste Krankenhaus, wo er sich schon bald von seinen schweren Strapazen erholte. Auf die späteren Fragen nach dem Geheimnis seines Überlebens fiel Bucks Antwort sehr knapp aus:

„Es gab auch bei mir einen Punkt, an dem ich kurz davor stand, aufzugeben, doch riss ich mich noch einmal zusammen. Mir war immer klar, dass ich nicht aus dem Leben scheiden wollte, ohne meine Frau und meine Kinder noch einmal zu Gesicht bekommen zu haben. Zu keinem Zeitpunkt habe ich es dem herrschenden Unwetter erlaubt, meine Ziele zu begraben, und unumstößlich an die Erfüllung meines Wunsches geglaubt. Dieses Ziel verlieh mir die Fähigkeit, auch meine letzten Kräfte zu mobilisieren und bis zu meiner Rettung um mein Überleben zu kämpfen. Allein diesem Umstand habe ich es zu verdanken, dass ich ohne jegliche Ausrüstung dazu in der Lage war, den schlimmen Sturm zu überstehen."

Bis zum heutigen Tag ist dieses Phänomen ein Umstand, der jeden Experten vor ein großes Rätsel stellt. \

/ Die Reise nach Olympia

Ein Mann, dessen erklärtes Ziel es war, einmal in seinem Leben nach Olympia zu reisen, besuchte den großen Philosophen Sokrates, um dessen Rat einzuholen. Seine Angst hatte ihn bisher von der Reise abgehalten, und er hoffte, dass Sokrates ihm diese nehmen könne. Sokrates hörte aufmerksam zu, als ihm der Mann sein Anliegen vortrug.

„Warum ist dir bange vor der Reise? Gehst du nicht auch zu Hause den ganzen Tag hin und her? Und was hast du auf der Reise dorthin anderes zu tun als zu gehen, zu frühstücken, wieder zu gehen, die Hauptmahlzeit einzunehmen und dich zur Ruhe zu legen?

Siehst du nicht ein, dass du nur die Gänge, die du hier in fünf bis sechs Tagen machst, aneinanderzureihen brauchst, um ganz bequem von Athen nach Olympia zu kommen?

Es ist dir sicherlich auch noch angenehmer, wenn du um einen Tag früher ankommst. Es ist beschwerlich, die Tagesreisen über Gebühr verlängern zu müssen; dagegen gewährt es große Erleichterung, wenn man zu den Reisetagen einen Tag zulegen kann. Es ist also besser, beim Aufbruch zu eilen als auf der Reise." \

Zitate zum Thema

„Definiere die Dinge, die erledigt werden sollten, danach werden wir einen Weg finden."
(Abraham Lincoln)

„Wir können nicht alles auf einmal machen, aber wir können etwas auf einmal machen."
(Calvin Coolidge)

„Ich strebe danach, die großen und noblen Aufgaben zuerst zu meistern, aber es ist meine oberste Pflicht, zuerst die kleinen Dinge zu erledigen, ganz so, als ob sie ebenfalls nobel wären."
(Helen Keller)

„Die höchste Belohnung für einen Menschen ist nicht, was er dafür bekommt, dass er seine Aufgabe erfüllt, sondern was er bekommt, während er sie erfüllt."
(John Ruskin)

„Alles, von dem Menschen sich eine Vorstellung machen können, ist machbar."
(Wernher von Braun)

„Wenn wir unsere Richtung nicht ändern, ist es wahrscheinlich, dass wir dort enden, wohin wir gerade gehen."
(Chinesische Weisheit)

„Der Wille zum Sieg ist wichtig, aber der Wille sich vorzubereiten ist lebenswichtig."
(Joe Paterno)

„Der Unterschied zwischen dem Unmöglichen und dem Möglichen liegt in der Zielstrebigkeit eines Menschen."
(Tommy Lasorda)

„Sich ein Ziel zu setzten ist nicht das Wichtigste. Viel wichtiger ist, was du tust, um das Ziel zu erreichen und dabei nicht aus den Augen zu verlieren."
(Tom Landry)

„Ein Entschluss wiegt mehr als zehn Gedanken."
(Thomas J. Watson)

„Deine Absicht erst gibt deinem Werk einen Namen."
(Ambrosius Aurelius)

„Ein Charakter ist ein vollständig gebildeter Wille."
(Novalis)

„Jeder ist nur soviel wert, wie das Ziel seines Strebens."
(Marcus Aurelius)

„Wer auf allen Wegen geht, verfehlt den Weg nach Hause."
(Alte afrikanische Weisheit)

„Es kommt darauf an, dass du auf etwas zugehst, nicht das du ankommst."
(Antoine de Saint Exupéry)

„Das Ziel muss man früher kennen als die Bahn."
(Jean Paul)

„Der langsamste, der sein Ziel nicht aus den Augen verliert, geht immer noch schneller, als derjenige, der ziellos umherirrt."
(Gotthold E. Lessing)

„Wer vom Ziel nichts weiß, kann den Weg nicht haben."
(Friedrich Nietzsche)

„Alles, von dem der Mensch sich eine Vorstellung machen kann ist machbar."
(Wernherr von Braun)

„Auch eine Reise von tausend Meilen beginnt mit einem einzigen Schritt."
(Lao Tse)

IV. Teil

Hindernisse überwinden

„Es ist bei weitem besser, sich an die großen Aufgaben zu wagen, auch wenn man hin und wieder einmal einen Rückschlag einstecken muss, als sich mit jenen armen Geistern auf eine Stufe zu stellen, die weder Freude noch Leid empfinden, weil sie in der grauen Twilight Zone leben, die weder Sieg noch Niederlage kennt."

(Theodor Roosevelt)

Das Gesetz der Homöostase

Ein Grund dafür, dass viele Menschen auf dem Weg der Veränderung aufgeben und in ihren gewohnten Trott zurückfallen, ist nicht etwa, dass sie zu schwach sind oder keine Willenskraft besitzen. Dem Ganzen liegt vielmehr eine natürliche Gesetzmäßigkeit zu Grunde: Jedes Lebewesen widersetzt sich von Natur aus grundlegenden Veränderungen, unabhängig davon, ob sie gut oder schlecht für das jeweilige Individuum sind. Hierbei handelt es sich um einen uralten Schutzinstinkt, der noch aus den Anfängen der Evolution herrührt. Das alte Höhlengleichnis veranschaulicht diese Gegebenheit besonders schön.

Stellen Sie sich einmal vor, Sie haben einige Stunden in einer dunklen Höhle verbracht und verlassen diese nun und finden sich auf einmal im hellen Sonnenschein eines herrlichen Tages wieder. Instinktiv halten Sie die Hände vor die Augen und suchen höchstwahrscheinlich erst einmal wieder Schutz im Halbdunkel der Höhle, bevor sie hinausgehen, um den wundervollen Tag zu genießen.

Die Reaktion eines Menschen, der die Sonne nie zuvor gesehen hat, würde vermutlich vollkommen anders ausfallen. Da sich das helle Tageslicht so stark von seiner bisherigen Realität unterscheidet und ihm anfangs Schmerzen in den Augen bereiten würde, könnte es sein, dass er nie mehr ganz aus der Höhle heraustreten würde, um dieser schmerzvollen Erfahrung in Zukunft aus dem Wege zu gehen.

Bedeutet dieses Zurückziehen in eine altbekannte Umgebung aber auch, dass er damit die richtige Entscheidung getroffen hat?

Mit Sicherheit nicht.

Der Schutzmechanismus, der uns von der Natur mit auf den Weg gegeben wurde, ist zwar grundsätzlich etwas Gutes, doch gibt es nunmal auch Ausnahmen, in denen er auf den ersten Blick störend zu sein scheint.

Genauso verhält es sich mit persönlichen Veränderungen, die wir in unserem Entwicklungsprozess durchmachen.

Erreichen wir eine Stufe, die von unserer Komfortzone zu weit entfernt ist, so schreitet derselbe natürliche Instinkt oftmals ein und meldet sich zu Wort: „He, du, was machst du da? Ich möchte lieber wieder zurück in die Umgebung, die ich kenne und in der ich bisher klargekommen bin!"

Es liegt dann nur an uns, ob wir uns wie im Höhlenbeispiel lediglich kurz zurückziehen und die Augen bedecken, um dann ins Tageslicht hinauszuschreiten, oder ob wir uns dazu entscheiden, in der gewohnten Umgebung zu verharren und unserer alten Komfortzone treu zu bleiben.

Wenn Sie also selber die Gesetze der Homöostase am eigenen Leib zu spüren kriegen, bedeutet das nicht, dass Sie krank oder faul geworden sind. Vielmehr handelt es sich hierbei um einen deutlichen Indikator dafür, dass eine Veränderung stattgefunden hat. Herzlichen Glückwunsch an dieser Stelle, Sie sind auf dem richtigen Weg!

Freuen Sie sich also von ganzem Herzen, und begrüßen Sie die Veränderung mit offenen Armen. Sie können sich nun sicher sein, dass Sie tatsächlich Fortschritte gemacht haben. Akzeptieren Sie die Anzeichen der Homöostase als das, was sie sind, nämlich als eindeutiges Anzeichen dafür, dass Sie auf dem richtigen Weg sind.

Die Symptome können verschiedenste Gestalt haben. Bei dem einen äußern sie sich als psychosomatische Beschwerden oder Lustlosigkeit, während sich der andere vielleicht Streitereien innerhalb der Familie gegenüber sieht. Manchen werden die Symptome vielleicht gar nicht auffallen. In jedem Fall brauchen Sie sich keine Sorgen zu machen, sondern lassen Sie Ihrem Geist die Zeit, die er benötigt, um sich an die veränderten Lebensumstände zu gewöhnen.

Es existieren zahllose Beispiele von Menschen, die stets unter ihren persönlichen Möglichkeiten agieren, allein aufgrund der Tatsache, dass sie nie dazu ermutigt worden sind, ihr volles Potenzial zu nutzen. Ein gutes Beispiel hierfür ist die wahre Geschichte eines Pianospielers, die sich vor vielen Jahren in den USA zugetragen hat.

/

In einer mittelmäßigen Piano-Bar inmitten der Vereinigten Staaten war ein Pianist angestellt, der sein Handwerk außerordentlich gut verstand. Das Publikum nahm sogar weite Anfahrten in Kauf, nur um ihm beim Spielen zuhören zu können.

Eines Abends befanden sich jedoch auch einige wichtige Persönlichkeiten im Publikum, die dem Pianospieler einen besonderen Wunsch übermittelten. Für sie sollte er zur Abwechslung auch einmal ein Lied singen und nicht nur seine Kunst am Piano beweisen.

„Tut mir leid, ich singe nicht", antwortete der Pianospieler.

Den Kunden gefiel die Antwort des Pianisten nicht, und sie ließen den Geschäftsführer kommen. Diesem teilten sie mit, dass sie es müde seien, einzig und allein dem Klavierspiel zu lauschen. Sie wollten nun auch endlich einmal Gesang hören.

Der Geschäftsführer gab das Begehren daraufhin an seinen Pianospieler weiter. „He, mein Freund! Wenn du heute Geld verdienen willst, dann sing gefälligst auch einmal ein Lied. Unsere besten Kunden haben mich darum gebeten, dir dies auszurichten."

Der Künstler tat daraufhin hin wie ihm geheißen, schließlich brauchte er das Geld und war auf seinen Gehaltsscheck angewiesen.

Als er so zum ersten Mal seine Stimme in der Öffentlichkeit erhob, wurde es schlagartig still im ganzen Raum. Niemand der Anwesenden hatte jemals einen Sänger gehört, der das Lied „Mona, Mona Lisa" so außergewöhnlich interpretierte, wie es dieser Pianospieler gerade tat, als er zum ersten Mal in seinem Leben in der Öffentlichkeit sang.

Das Publikum war außer sich vor Begeisterung und forderte eine Zugabe nach der anderen.

All die Jahre zuvor, in denen er sich lediglich auf das Klavierspielen beschränkt hatte, war sein Talent unentdeckt geblieben. Wären nicht eines Tages die Stammgäste erschienen, die darauf bestanden, ihn auch einmal singen zu hören, hätte er vielleicht sein ganzes Leben in den Provinzbars der Umgebung gespielt.

Nur weil er singen musste, wurde er entdeckt und avancierte unter seinem neuen Künstlernamen Nat King Cole zu einem der bekanntesten und bestbezahlten Künstler weltweit. \

Die vermeintlich sichere Komfortzone, in der er sich die Jahre zuvor bewegt hatte, war die Bremse, die ihn daran hinderte, sein gesamtes Potenzial zu erschließen.

Jeder von uns hat sich mit den Jahren eine solche Komfortzone aufgebaut und suhlt sich mehr oder weniger in der Sicherheit der gewohnten Umgebung. Um unser wirkliches Potenzial ausschöpfen zu können, müssen wir uns jedoch erlauben, über den Tellerrand zu schauen und endlich damit aufzuhören, uns andauernd zu unterforden. Verlassen Sie sich nicht darauf, dass ein Fremder Sie dazu bewegt, aus dem Schatten Ihrer Selbst heraus zu treten, sondern tätigen Sie selber den ersten Schritt in den Sonnenschein.

Wer die Schuld hat, hat die Macht

Wenn sie anfangs Schwierigkeiten haben sollten, Fortschritte in dem Bereich zu machen, den sie gerne ändern möchten, suchen viele in der Regel die Schuld bei einem anderen Menschen.

Vergessen Sie in diesem Zusammenhang nie: *„Wer die Schuld hat, hat auch die Macht."*

Schreiben Sie einmal alle Ihre Entschuldigungen auf, und überprüfen Sie, wem Sie die Schuld und damit die Macht zuschieben.

Folgende Personen und Umstände hindern mich daran, Fortschritte zu machen:

_____

_____

Entschuldigung

_____

_____

verantwortliche Person oder Umstand

_____

_____

Entschuldigung

_____

_____

verantwortliche Person oder Umstand

_____

_____

Entschuldigung

_____

_____

verantwortliche Person oder Umstand

_____

_____

Entschuldigung

_____

_____

verantwortliche Person oder Umstand

_____

_____

Entschuldigung

_____

_____

Nehmen Sie sich ein wenig Zeit, und entscheiden Sie, ob diese Entschuldigungen gültige Gründe dafür sind, die Bemühungen, Ihr Leben zu ändern, aufgeben, oder ob sie doch eher zweitrangig sind.

Entdeckung der eigenen Werte

Haben auch Sie schon einmal einem Vorschlag zugestimmt, den Sie eigentlich ablehnten?

Die meisten von uns werden dieses Phänomen höchstwahrscheinlich kennen.

Wichtig für Ihren weiteren Werdegang ist die Fähigkeit, damit aufzuhören, die Meinungen und Ansichten anderer als Ihre eigenen Werte zu übernehmen.

Ansichten, die nicht Ihren eigenen Überzeugungen entsprechen, werden Sie auf Ihrem Weg nur schwächen.

Die Gründe für das Übernehmen fremder Werten können unterschiedliche Ursachen haben. Oft ist Gefallsucht der Grund, doch ist es auch manchmal reine Bequemlichkeit, die uns dazu verleitet, vorgegebene Werte als unsere eigenen Maximen zu akzeptieren.

Machen Sie sich Ihre übernommenen Ansichten bewusst. Leben Sie Ihr Leben nicht nach den Erwartungen, die Ihre Eltern oder Ihr Umfeld in Sie gesetzt haben. Lassen Sie es nicht mehr zu, dass deren Wünsche weiterhin Ihr Leben beherrschen. Sie müssen vielmehr lernen, Ihre eigenen Bedürfnisse und Wünsche zu erkennen. Wie wir bereits gesehen haben, war unsere Vergangenheit gespickt mit den Wertvorstellungen anderer Menschen. Das Produkt dessen ist der unzufriedene Mensch, der sich dazu entschlossen hat, etwas Entscheidendes zu ändern, und sich darum dieses Buch gekauft hat. Sie haben schon lange geahnt, dass mehr in Ihnen steckt, als Sie bisher ans Tageslicht gefördert haben, und hatten dabei vollkommen Recht.

Jetzt sind Sie gefordert. Machen wir uns also auf die Suche nach Ihren persönlichen Wertvorstellungen, damit in Zukunft keine Missverständnisse mehr aufkommen können.

Wie wichtig sind Werte wie Zufriedenheit, Liebe, Erfolg, Sicherheit, Anerkennung, Herausforderung, Freiheit, Unabhängigkeit, Freundschaft oder Loyalität für Sie persönlich? Ordnen Sie Ihre Werte nach Ihren persönlichen Prioritäten, und überlegen Sie, wie genau sich diese Wervorstellung definiert. Sie erhalten so Ihren ganz persönlichen Glaubenssatz, der Ihre inneren Erwartungen an das Leben widerspiegelt. Überlegen Sie sich, woher dieses Denken kommt. Sind es wirklich Ihre eigenen Glaubenssätze, oder sind Sie Ihnen von aussen zugetragen worden?

In der Regel sind diese Glaubenssätze natürlich kein Produkt unserer eigenen Überlegungen, sondern vielmehr Vorstellungen, die wir von anderen Menschen übernommen haben. Die angestrebten Werte sind zwar im Grunde genommen, bei jedem Menschen gleich, doch kann deren Gewichtung von Individuum zu Individuum vollkommen unterschiedlich ausfallen. Genauso verhält es sich mit den Glaubenssätzen, die nicht nur interkulturell, sondern bereits von Person zu Person stark variieren können. Es gibt lediglich ein Kriterium, nach dem Sie Ihre Glaubenssätze und die Gewichtung Ihrer Werte beurteilen sollten, indem Sie sich fragen ob es ihnen nützt so zu denken.

Schreiben Sie in den nächsten Zeilen also Ihre persönlichen Werte sowie die damit verbundenen Glaubenssätze auf und ordnen Sie diese nach Prioritäten:

1. Wertvorstellung

_____

Glaubenssatz

_____

_____

2. Wertvorstellung

Glaubenssatz

_____

_____

_____

3. Wertvorstellung

Glaubenssatz

_____

_____

_____

Sie selbst sind der wichtigste Mensch in Ihrem Leben!
Die Gesellschaft bringt uns bei, uns selber immer mehr zurückzunehmen und anderen vermeintlich wichtigeren Personen den Vortritt zu lassen.

Stellen Sie sich einmal vor, Sie wären eine Bank, und Ihre Umgebung würde fortwährend an Sie herantreten und Kredite von Ihnen erbitten.

So lange Ihre eigenen Geschäfte gut laufen, sind Sie dazu natürlich ohne Probleme in der Lage. Was passiert jedoch, wenn Sie sich plötzlich dazu entschließen, nur noch Kredite zu vergeben, und sich um Ihre eigenen Belange nicht mehr kümmern?

Das Ergebnis liegt auf der Hand. Es wird nicht lange dauern, bis sie sich in ernsthaften finanziellen Schwierigkeiten befinden. Es ist für die Bank daher unabdingbar, dass sie sich in erster Linie um ihre eigenen Geschäfte kümmert, um dazu in der Lage zu sein, guten Herzens Kredite vergeben zu können.

Genauso sieht es auch in Ihrem Privatleben aus. Sie müssen sich erst um Ihre eigenen Belange kümmern, damit das Guthaben auf Ihrem eigenen emotionalen Konto anwächst und letztendlich groß genug wird, um aus den Zinsen problemlos Kredite an Ihre Umwelt vergeben zu können.

Toxische Menschen

Wenn wir uns und unsere Umgebung betrachten, scheint es auf den ersten Blick so, als ob wir nur von Materie umgeben wären. Angefangen bei den Bäumen über die Häuser bis hin zu den Lebewesen und den Menschen scheint alles aus fester Materie zu bestehen.

Nehmen wir einfach einmal den Menschen als Beispiel. Abgesehen von der Tatsache, dass er zu fast 90 Prozent aus Wasser besteht, bestehen natürlich auch unsere kleinsten Bestandteile, die so genannten Körperzellen, aus bestimmten Komponenten.

Die kleinste denkbare Struktur in uns und in allen anderen Lebensformen und festen Körpern ist das so genannte Atom, welches seinerseits in den Atomkern und die elektrisch geladenen Teilchen, die so genannten Elektronen, unterteilt werden kann.

Diese Elektronen fliegen in einem wahnsinnigen Tempo um den Atomkern, nur gehalten von einer unsichtbaren Energie, die der Kern auf sie ausübt.

Die Atomphysik hat einmal versucht, dieses Phänomen in einem Modell darzustellen. Um es anschaulicher zu gestalten, gab man dem Atomkern hierbei die Größe einer Erbse und rechnete aus, dass die äußere Elektronenhülle proportional dazu 170 m vom Kern entfernt liegen müsste. Der gesamte Zwischenraum ist demnach von Nichts und von Energie erfüllt, die dafür zuständig sind, dass die Atome ihre Form beibehalten und nicht auseinanderfallen. Feste Materie sucht man in unseren Grundbestandteilen jedoch vergeblich. Wenn man nun in Betracht zieht, dass wir und diese Umgebung ausschließlich auf diese Art und Weise konstruiert sind, wird schnell deutlich, dass wir zum größten Teil aus Nichts und Energie bestehen.

Wie kann man sich selber dann bloß so wichtig nehmen?

Eines wird aber in jedem Fall klar. Die Energie, die durch unseren Körper fließt und dafür sorgt, dass wir unsere Form behalten, ist die gleiche, die unseren Nachbarn durchzieht und dafür sorgt, dass er nicht in seine molekularen Bestandteile zerfällt.

Eine wirkliche Grenze besteht nicht zwischen den beiden Körpern, oder tragen Sie tagtäglich einen strahlensicheren Anzug, der so etwas verhindern könnte?

„Dieser Mensch strahlt aber eine negative Energie aus." Diesen Ausspruch wird sicher jeder von Ihnen schon einmal gehört haben. Vielleicht hatten Sie auch schon das zweifelhafte Glück, einem solchen Menschen zu begegnen. Haben Sie sich in einer solchen Gesellschaft wohl gefühlt, oder fühlten Sie sich in irgendeiner Form unangenehm beeinflusst?

Sie alle haben sicher schon einmal die befremdlichen Bilder indischer Yogis betrachtet, die sich, in einem Zustand der Trance befindlich, Spieße durch die Wangen stechen, um diese nachher problemlos wieder herauszuziehen, ohne sichtbare Verletzungen zu hinterlassen. Gerne willigen diese Menschen darin ein, sich bei diesen Vorgängen beobachten und sogar filmen zu lassen. Es gibt nur eines, von dem sie kategorisch Abstand nehmen. Unter keinen Umständen darf ein zweifelnder Mensch sie während dieses Vorganges berühren. Die niedrigen Schwingungen eines solchen Menschen könnten dazu führen, dass der Yogi urplötzlich außer Stand wäre, seine Übungen verletzungsfrei durchzuführen, was natürlich nicht sehr erfreulich wäre.

Gründe negativer Energie

Die Gründe Ihrer Umgebung, Sie an der Entfaltung Ihrer eigenen Persönlichkeit und wirklichen Interessen zu hindern, können unterschiedlichster Natur sein. In der Regel kann man jedoch sagen, dass es den meisten Menschen schwerfällt, die Veränderung bei jemand anderem zu akzeptieren, ganz besonders, wenn es das vorhandene Weltbild jenes Menschen in Frage stellt.

Letztendlich versucht dieser Mensch bewusst oder unbewusst, Sie in Ihrer Entfaltung zu hindern, manchmal nur um sich selber besser zu fühlen. Solche Menschen sehen nur das Negative, kritisieren, sind eifersüchtig und missgönnen anderen den Erfolg. Sie denken, sprechen und handeln negativ. Eugen Drewermann, der bekannte deutsche Theologe, hat in diesem Zusammenhang einmal gesagt: „Jeder Mensch versucht, frei zu sein, doch wenn er einmal auf einen wirklich freien Menschen trifft, dann bringt er ihn um." Unglücklicherweise tauchen sie in jeder sozioökonomischen Gruppe auf, in jeder Alterskategorie und sind auch nicht an Kulturkreis oder Religion gebunden. Sogar in Ihrer Familie oder in Ihrem engsten Freundeskreis kann es solche Menschen geben. Die Wirkungen für Sie sind fast immer verheerend. Ein gesprochenes Wort kann man schließlich nicht mehr zurücknehmen.

Unter diesem Gesichtspunkt sollten Sie auch einmal Ihr eigenes Verhalten überprüfen. Vielleicht sind Sie bislang ja selber ein Mensch, der unbewusst einen negativen Einfluss auf seine Umgebung ausübt. Können Sie von sich selber wirklich sagen, dass Sie jedem Menschen in Ihrem Leben offenen Herzens seinen persönlichen Erfolg wirklich zugestehen, ungeachtet Ihres eigenen Egos? Wie steht es um Ihren eigenen Wortschatz? Reden Sie manchmal negativ über andere Menschen, oder sind Ihnen hässliche, unhöfliche und unsensible Bemerkungen fremd?

Gehören Sie zu den Menschen, die behaupten, ein Mensch könne sich nicht ändern? Ist der Charakter Ihrer Ansicht nach von Geburt an festgelegt und bleibt mehr oder weniger konstant bis zum Lebensende?

Damit Sie in Zukunft in der Lage sind, ein Leben Ihrer Wahl zu gestalten, müssen Sie selbstverständlich bei sich selber anfangen und erst einmal Ihr eigenes Verhalten in den Griff kriegen. Nur ein Mensch, der in der Lage ist, seiner Umgebung das zuzugestehen, was er selber gerne haben möchte, kann sein Ziel erreichen. Das Leben besteht aus Veränderungen, und nur diejenigen unter uns, die sich nicht ändern, stagnieren und werden mit der Zeit unglücklich, wenn sie merken, was mit ihnen passiert.

Persönlichkeitsarbeit ist in der Tat schwierig, doch ist sie auf gar keinen Fall unmöglich – es hängt nur von Ihnen ab, ob es Ihnen gelingt. Angenommene Gewohnheiten sind zwar Teil unserer Persönlichkeit, Sie können aber durchaus aufgegeben und ersetzt werden.

Das Meistern negativer Informationen

Stellen Sie sich vor, Sie befinden sich einmal wieder in einer Situation, in der Sie einem Menschen im toxischen Zustand und dessen negativer Denkweise ausgeliefert sind. Es ist nur eine Frage der Zeit, bis dieser Mensch Ihnen das erste negative Programm zukommen lassen wird. Am schwierigsten ist es natürlich, wenn uns dieser Mensch besonders nahe steht und wir Gefühle für ihn empfinden, die es uns schwer machen, die Situation objektiv zu betrachten. Solch eine Situation kann zum Beispiel auch in einer Partnerschaft auftreten, wo jeder den anderen auf das Beste kennt. Oftmals werden in einem solchen Fall Äußerungen formuliert, die den anderen bewusst treffen sollen, woraus dann natürlich ein riesengroßer Streit entsteht, der erst einmal jegliche positive Energie aus dem Zimmer bläst. Wenn Ihnen solch eine Aussage entgegen geworfen wird, haben Sie ab heute jedoch einen riesigen Vorteil, der Ihnen Immunität beschert.

Wenn Sie sich an das folgende Beispiel halten, wird es anderen Menschen von nun an unmöglich sein, Sie in irgendeiner Form zu verletzen oder negativ zu beeinflussen. Stattdessen werden Sie Herr der Gefühle und der Situation sein und ihr ein positives Ende verschaffen können.

Person XY: 1. Negative Äußerung

_____

_____

_____

_____

Ich wiederhole das Gesprochene Wort für Wort im Geiste und bestätige kurz für mich selber mit „Danke, ich habe verstanden."

Person XY: 2. Negative Äußerung

_____

_____

_____

_____

Ich wiederhole das Gesprochene wiederum Wort für Wort im Geiste und bestätige kurz für mich selber mit „Danke, ich habe verstanden."

Was ist passiert? Durch das Wiederholen der toxischen Information haben Sie einen genialen Schachzug gemacht, der die Worte Ihrer Kraft beraubte. Sie haben die ausgesandten Worte erst einmal bewusst gestoppt und daran gehindert, in Ihr Unterbewusstsein vorzudringen, wo Sie Schaden anrichten könnten. Durch das simple, bewusste Wiederholen ist ein Bollwerk entstanden, welches von nun an einen zuverlässigen Schutz gegen negative Beeinflussung von außen erreichen kann.

Egal ob im Berufs- oder Privatleben, diese einfache Technik wird Ihnen Dienste erweisen, die unendlich wertvoll sein können. Ich kann in Worten kaum beschreiben, wie sehr ich selber bisher von diesem Vorteil profitiert habe. In Situationen, in denen ich früher förmlich explodiert wäre, gelingt es mir heute ohne Probleme, absolute Ruhe zu bewahren und meinen positiven Zustand zu konservieren. Was damals zu schlechter Stimmung und eventuellem stunden- bzw. tagelangem Groll geführt hätte, hat seine Macht über mich verloren. Stattdessen habe ich heute die Macht, Herr über die Situation zu bleiben und den Konflikt spielend leicht zu lösen, weil ich meine Mitte zu keiner Sekunde verlassen habe. Sowohl im Berufs- als auch im Privatleben hat es mir Vorteile verschafft, die im Quantensprungbereich liegen. Ich kann Ihnen nur raten, die Methode so schnell wie möglich selber für sich zu verwenden, und Sie werden sehen, wie sehr sich Ihr Leben zum Positiven wenden wird.

Anfangen können Sie zum Beispiel mit kleinen Übungen, wofür Sie einen Bekannten oder Ihren Partner bitten, sich mindestens fünf verschiedene Aussagen aufzuschreiben, von denen Sie glauben, dass diese Sie verletzen könnten. Entspannen Sie sich und lassen Sie Ihr Gegenüber die negativen Äußerungen laut gegen Sie vortragen. Wiederholen Sie diese im Geiste und bestätigen Sie für sich selber das, was Sie gehört haben, mit „Danke, ich habe gehört!" Sie werden merken, dass es keine der Äußerungen auch nur ansatzweise schafft, Sie emotional zu tangieren.

Mit Sicherheit werden Sie auch bald im Alltag die Gelegenheit haben, Ihre neue Fähigkeit zu testen. Bei dem einen wird es vielleicht der Chef oder ein Kollege sein, der versucht, ihn emotional zu treffen, bei dem anderen sind es Freunde oder Familie. All das spielt keine Rolle, nichts von dem, was Ihnen entgegen gebracht wird, hat von nun an die Kraft, Sie aus Ihrer Mitte zu bugsieren. In meinen Augen bringt es die folgende Geschichte auf den Punkt.

/ Der Gefangene in der Grube

Vorsichtig wurden die fünf Gefangenen von ihren Peinigern über den Rand der Grube hinabgelassen, um sicherzugehen, dass sich keiner von ihnen verletzt hatte. Nicht dass es ihnen normalerweise etwas ausgemacht hätte, doch sollte an diesen fünf Gefangenen ein ganz besonderer Versuch durchgeführt werden.

„Derjenige von euch, dem es gelingt herauszuklettern, wird ein freier Mann sein," riefen sie spöttisch in die Grube hinab, als auch der Letzte von ihnen unten angekommen war.

Das Gefängnis, in dem sich die Männer befanden, war aus diesem Grund genau so tief angelegt, dass sich eigentlich niemand aus eigener Kraft aus ihr befreien konnte. Nur wenige fehlende Zentimeter trennten die Männer von der Freiheit, und es machte den Beobachtern Spaß zuzuschauen, wie die Männer bei jedem Sprungversuch feststellen mussten, dass ihre Sprungkraft sie um Haaresbreite ihr Ziel verfehlen ließ.

Zusätzlich wurde über der Grube ein Lautsprecher installiert, der ohne Unterbrechung eine einzige Botschaft an die Gefangenen übermittelte: „Hört auf zu springen, ihr werdet es ohnehin nie schaffen. Hört auf zu springen, ihr werdet es ohnehin nie schaffen. Hört auf zu springen ..."

Durch diese Maßnahme wollte man herausfinden, wie lange es dauerte, bis man die Gefangenen zur Aufgabe überredet hatte und sie ihre Moral vollends verloren hatten.

Anfangs versuchten alle fünf natürlich noch mit identischer Energie, aus ihrem Gefängnis zu entkommen, zu frisch waren noch die Erinnerungen an das schöne Leben in Freiheit.

Doch als die Tage verstrichen, setzte sich der erste auf einmal hin und hörte auf zu springen. Wenige Tage später folgte der zweite, und nach einer weiteren Woche gab der dritte Gefangene ebenfalls auf. Nun waren nur noch zwei von ihnen übrig, die mit unvermindertem Eifer versuchten, ihrem Gefängnis zu entkommen. Die anderen drei saßen derweilen apathisch in der Ecke und sahen den Übriggebliebenen lediglich noch beim Springen zu.

Es dauerte eine weitere Woche, bis sich der vorletzte Springer ebenfalls setzte und zusammen mit den anderen dem zuletzt Übriggebliebenen bei seinem Fluchtversuch zuschaute.

„Ach komm, gib doch auf, es hat keinen Sinn weiterzuspringen," rief er seinem Leidensgefährten zu, doch dieser hörte nicht auf. Weder an diesem Tag noch an den darauffolgenden Tagen reduzierte er seine Anstrengungen, die Freiheit zu erlangen.

Doch auf einmal, mittlerweile waren bereits mehrere Wochen vergangen, schaffte er es und bekam den oberen Grubenrand zu packen.

Langsam zog er seinen ausgemergelten Körper in die Höhe, und ein breites Lächeln lag auf seinem Gesicht.

Der Mann war frei.

Aber nun zur entscheidenden Frage: Was Unterschied diesen letzten Mann von den anderen Gefangenen in der Grube?

ER WAR TAUB. \

Bewusstseinserweiternde

Lösungswerkzeuge

Kreative und logische Intelligenz

Das menschliche Gehirn besteht aus dem so genannten Großhirn, welches für unser Denken verantwortlich ist, und dem stammesgeschichtlich älteren Teil wie dem Kleinhirn, dem Thalamus, Hypothalamus, der Hypophyse und dem verlängerten Rückenmark, welche für die Grundfunktionen unseres Körpers zuständig sind. Wir wollen uns hier jedoch hauptsächlich auf die Funktion unseres Großhirns konzentrieren.

Dieses besteht aus zwei Hälften, den so genannten Hemisphären, die in der Mitte durch den so genannten Balken, den Corpus

Das Hemisphärenmodell

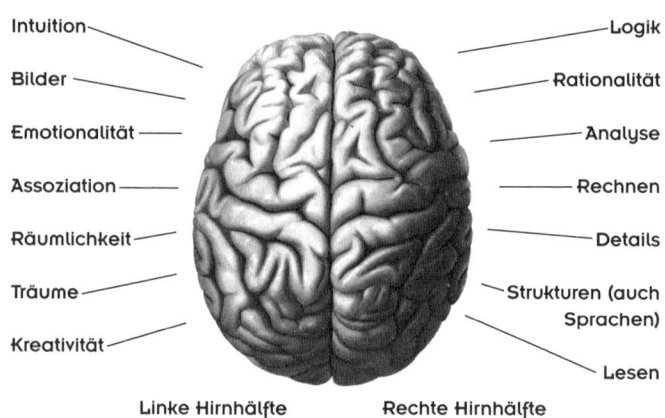

Intuition — Logik
Bilder — Rationalität
Emotionalität — Analyse
Assoziation — Rechnen
Räumlichkeit — Details
Träume — Strukturen (auch Sprachen)
Kreativität — Lesen

Linke Hirnhälfte   Rechte Hirnhälfte

Callosum, verbunden sind. Während die Aufgabe der linken Hirnhälfte hauptsächlich verbales Denken und Logik umfasst, hat die rechte Hirnhälfte genau die entgegengesetzte Eigenschaft. Sie denkt nicht verbal, sondern in Bildern, und ist für die Verarbeitung von Gefühlen zuständig.

Während unserer Entwicklung wurde uns insbesondere in der Schule beigebracht, den so genannten „linkshirnigen" logischen Denkstil zu benutzen, weil man diesen im Volksmund lange Zeit mit Intelligenz gleichsetzte. Studien der letzten Jahre haben jedoch ergeben, dass zur wahren Intelligenz noch viel mehr gehört, als man bisher annahm. Mittlerweile ist es wissenschaftlich anerkannt, dass es auch eine kreative und emotionale Intelligenz gibt, deren Zentrum man der rechten Hirnhälfte zuordnet. Intensive Untersuchungen zeigten, dass jedoch nur die wenigsten Menschen dazu im Stande sind, beide Denkstile gleichermaßen einzusetzen, und es so schaffen, ihr volles Gehirnpotenzial zu erschließen. Um das Optimum aus unserem Gehirn fördern zu können und wahre Intelligenz zu erreichen, müssen wir demnach die Denkstile beider Hirnhälften nutzen, um sowohl logisch wie kreativ und emotional sinnvolle Ergebnisse zu erzielen.

Die Mind-Mapping-Methode als Lösungsansatz

Vielleicht kennen auch Sie das Gefühl, einem auftauchenden oder bereits bestehenden Thema wie der sprichwörtliche Ochs vorm Berg gegenüber zu stehen und weder ein noch aus zu wissen. Unsere vorhandenen Denkstrukturen reichen in einem solchen Fall nicht aus, um direkt eine Lösung zu entwickeln.

Wissenschaftler haben herausgefunden, dass sich die Gedanken der meisten Menschen zu mehr als 95 Prozent ständig wiederholen. Unsere Gedankenwelt besteht also aus einer bestimmten Variationsbreite von Sichtweisen, die sich immer aufs Neue wiederholen und so unseren geistigen Horizont bilden, in dessen Grenzen wir uns bewegen. Nur in den seltensten Fällen gelingt es einem neuen Gedanken, in uns einzudringen und unsere Grenzen zu erweitern, um so neue Denkanstöße anzuregen, aus denen wiederum neue Sichtweisen entstehen können, die unser erworbenes Denkmuster erweitern. Alles was Sie Tag für Tag an verschiedenen Informationen aufnehmen, wird lediglich mit dem vorhandenen Muster verglichen und letztendlich so assimiliert, wie es unserer Denkweise entspricht. *Wir haben es uns gedanklich passend gemacht.*

Über die Jahre bildet sich so ein Denkmuster und ein dadurch bedingtes Verhaltensmuster heraus, das letztendlich zu einer Stagnation der persönlichen Entwicklung führen kann. Dieses Phänomen kann man sehr gut bei alten Menschen beobachten, die mit zunehmendem Alter eine immer starrere Geisteshaltung entwickeln und den Prozess des Alterns auf diese Weise enorm beschleunigen. Wir müssen daher nach einer Möglichkeit suchen, die es uns erlaubt, unsere Gedanken flexibler zu gestalten.

In einem solchen Fall bietet sich besonders die so genannte Mind-Mapping-Methode an, um unsere Gedanken aus den vorhandenen Mustern zu lösen und eine adäquate Lösung zu finden. Dazu nehmen Sie einfach ein leeres Blatt Papier und schreiben Ihr Problem genau in dessen Mitte nieder. Ausgehend von diesem zentralen Punkt überlegen Sie sich alle Lösungsvorschläge, die Ihnen spontan einfallen, und schreiben Sie mit einem Pfeil verbunden rings um Ihr Problem auf.

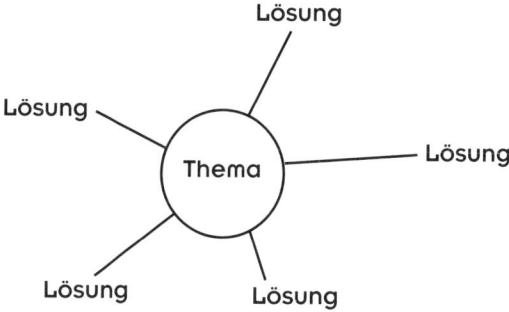

Der Vorteil dieser Methode ist, dass sie es Ihnen ermöglicht, beide Gehirnhälften zu aktivieren, miteinander in Einklang zu bringen und so den Denkprozess zu fördern. Wahres kreatives Denken, und das ist es, was wir erreichen wollen, entsteht genau auf diese Art und Weise, indem es zwischen Gedanken, die normalerweise nicht miteinander verknüpft sind, eine Verbindung herstellt und so den geistigen Horizont entscheidend erweitert. Verfügt man nicht über die geeignete Technik, kommen einem diese kreativen Gedanken meist eher zufällig oder nach langem, scharfem und logischem Nachdenken, bevor man dazu im Stande ist, neue Ideen zu etablieren.

Erschaffung einer inspirierenden Umgebung (Master Mind)

Einen riesigen Vorteil, den wir für uns und unsere Entwicklung wenn möglich nutzen sollten, ist die Macht kombinierter Interessen, auch „Master Mind" genannt. Gemeint ist damit die besondere Energie, die entsteht, wenn verschiedene Individuen ihr Bewusstsein harmonisch aufeinander abstimmen und dadurch jeden

Beteiligten befähigen, sich mit dem Unterbewusstsein des anderen in Kontakt zu setzen, um daraus Wissen zu beziehen. Es entsteht ein Gruppenbewusstsein unter den Beteiligten, das ihre Gedanken kombiniert und deren Unterbewusstsein erlaubt, ähnlich wie ein Radioempfänger Informationen zu erhalten, die ihnen als Einzelperson oder Außenstehendem nicht zugänglich wären. Überall wo wir auf einen ganz besonderen Erfolg im Geschäftsleben, der Finanzwelt oder in einem Beruf stoßen, können wir davon ausgehen, dass hinter diesem Erfolg eine Person steht, die das Prinzip des Master Mind angewandt hat

Ein hervorragendes Beispiel hierfür waren die Herren Edison, Firestone und Ford, die, jeder auf seinem Gebiet, etwas ganz Besonderes erreicht haben. Thomas Edison als Wissenschaftler, Harvey Firestone als Reifenproduzent und Henry Ford als Autohersteller waren jeder auf seinem Gebiet absolute Koryphäen und gehörten zu den führenden Köpfen ihrer Zeit. Keiner von ihnen verfügte zu Beginn seiner Karriere über eine gehobene Ausbildung oder eine größere Summe Geld, und doch schafften sie es, binnen weniger Jahre zu den erfolgreichsten und wohlhabendsten Menschen ihrer Zeit zu avancieren. Dafür gibt es eine ganz einfache Erklärung. Was die meisten nicht wissen, ist die Tatsache, dass sich die drei regelmäßig trafen, um ihre Gedanken auszutauschen und so von den Erkenntnissen der anderen zu profitieren. Sie waren wahre Meister in der Nutzung des Master Mind und profitierten während ihrer regelmäßigen Treffen von der Erfahrung und Energie des jeweils anderen, um diese dann in ihrem Bereich erfolgreich umzusetzen. Oder denken sie einmal an Albert Einstein und seinen intensiven Kontakt zu Albert Schweitzer.

Bauen Sie ein unterstützendes System auf, indem Sie die Nähe von Menschen suchen, die Sie mit einbeziehen können. Im

Optimalfall sind dies Personen, die sich auf dem gleichen Weg befinden wie Sie selber und so natürlich sehr gut dazu in der Lage sind, sich in Ihre Situation hineinzudenken. Doch auch Ihr Partner oder engster Freund bietet sich selbstverständlich dazu an.

Besonders in Situationen, in denen Sie Gefahr laufen, wieder rückfällig zu werden, können diese Personen Sie dazu ermutigen, Ihren Weg nicht zu verlassen und Ihrem eigentlichen Ziel weiter entgegenzusteuern. Sie werden sich wundern, was alles im Bereich des möglichen liegt, wenn Sie sich an dieses einfache aber ungemein kraftvolle Prinzip halten.

Ihr Unterbewusstsein als Lösungsfinder

Eine weitere Möglichkeit, hervorragende Antworten zu erhalten, ist die einfache Frageformulierung an unser Unterbewusstsein, bevor wir zu Bett gehen. Wir alle wissen mittlerweile um dessen Macht und können sie nun auch in diesem Falle gezielt für uns arbeiten lassen. Bevor wir also einschlafen, präsentieren wir dem Unterbewusstsein eine ganz präzise Frage, über die es während der Nachtruhe nachdenken kann, um uns am nächsten Morgen die passende Lösung zu liefern. Dabei spielt es keine Rolle, um welche Art Frage es sich dabei handelt. Bei dem einen kann es ein Schlüssel sein, den er partout nicht mehr finden kann, und bei dem anderen ist es ein Lebensumstand, über den er sich nicht ganz im Klaren ist. Vertrauen Sie Ihrem Unterbewusstsein die Frage an, es wird Sie in jedem Fall nicht enttäuschen.

Gib niemals auf

Stellen Sie sich einmal vor, dass Ihnen alles, was Sie sich vorgenommen haben, auf Anhieb gelingen würde. Hand auf Herz, wäre das nicht eine schlimme Vorstellung? Ich bin der Meinung, dass es gerade die kleinen Hindernisse im Leben sind, die unserer Existenz erst die richtige Würze verleihen, und will Ihnen in diesem Zusammenhang gerne die Geschichte von dem Mann und dem kleinen Schmetterling erzählen.

/ Der kleine Schmetterling

Ein Mann fand eines Tages einen wunderschönen Schmetterlingskokon, den er mitnahm und bei sich zu Hause auf den Schreibtisch legte. Als er den Kokon genauer anschaute, bemerkte er zu seiner Überraschung ein kleines Loch in dessen Schale, welches immer größer wurde. Der Schmetterling hatte begonnen zu schlüpfen. Langsam zwängte der kleine Falter seinen Körper durch die enge Öffnung, bis er auf einmal innehielt und regungslos verharrte.

Weil sich auch nach einiger Zeit noch nichts an diesem Zustand geändert hatte, beschloss der Mann, dem Schmetterling hilfreich unter die Arme zu greifen. Er nahm daher eine Schere und begann vorsichtig, das Loch in dem Kokon zu vergrößern. Dem Schmetterling fiel es nun leicht herauszuschlüpfen, doch hatte er einen geschwollenen Körper und kleine, verkrüppelte Flügel.

Der Mann beobachtete den Schmetterling aufmerksam, schließlich ging er davon aus, dass dieser jeden Moment seine Flügel ausbreiten würde, um beschwingt davonzufliegen.

Doch zu seiner Enttäuschung passierte nichts dergleichen.

Stattdessen verbrachte der Schmetterling den Rest seines Lebens damit, mit seinem geschwollenen Körper und den verkrüppelten Flügeln auf dem Schreibtisch herumzukrabbeln. Er war niemals auch nur annähernd dazu in der Lage zu fliegen. Eine Tatsache, die dem Mann nicht bekannt war, hatte diesen Zustand beim Schmetterling hervorgerufen.

Indem er nämlich das vermeintlich zu klein geratene Loch im Kokon erweitert hatte, unterbrach er dessen natürlichen Vorgang des Schlüpfens. Das Hindurchzwängen durch die enge Öffnung ist beim Schmetterling dafür verantwortlich, dass ein Teil der Körperflüssigkeit vom Rumpf in die Flügel gepresst wird. Erst danach ist es ihm überhaupt möglich, die Flügel auszubreiten und davonzufliegen. \

Diesen Umstand kann man auch auf das menschliche Leben übertragen. Wenn uns die Natur erlaubte, unser Leben ohne jegliches Hindernis zu bestreiten, würde es uns ebenso wie den Schmetterling eher behindern, anstatt uns zu helfen. Wir müssen lernen, auftauchende Hindernisse als willkommene Bestandteile unseres Wachstumsprozesses zu erkennen, ohne die es uns genau wie dem Schmetterling unmöglich wäre, unser volles Potenzial zu erschließen.

Auf den Spuren exzellenter Leistungen

Im Jahr 1953 gelang es Sir Edmund Hillary als erstem Menschen in der Geschichte, den Mount Everest zu besteigen. Hillary wurde Dank dieser Leistung weltberühmt und von allen Seiten mit Lob und Anerkennung überhäuft.

Was die meisten Menschen jedoch nicht wussten, war, dass sich Hillary 1952 schon einmal an dem gewaltigen Berg versucht hatte, wobei er allerdings scheiterte. Viele Menschen hätten es daraufhin dabei bewen-

den lassen, zumal er in seiner Heimat trotz seines Scheiterns bereits als Held gefeiert wurde. Doch Hillarys Einstellung gegenüber diesem Misserfolg wurde ganz besonders in einer Rede deutlich, die er 1952 kurz nach seiner ersten Expedition auf Einladung einiger einflussreicher Gesellschaftsgrößen in London hielt.

Unter großem Applaus betrat er die Bühne und blieb am Rednerpult stehen. Das Publikum wollte sich gar nicht beruhigen, und der Applaus als Honoration an den großen Mut des Abenteurers nahm kein Ende. Hillary hingegen wollte sich keineswegs über seinen Misserfolg freuen, sondern fühlte sich vielmehr als Versager.

Über der Bühne hing ein großes Bild des Mount Everest, dem sich Hillary nun zuwandte, anstatt das Wort direkt an die feine Gesellschaft zu erheben. Die Faust gegen das Bild des Berges erhoben, rief er mit lauter Stimme, „Mount Everest, du hast mich beim ersten Mal geschlagen. Aber ich werde dich das nächste Mal schlagen, weil du deinen Wachstumsprozess bereits abgeschlossen hast. Ich hingegen wachse noch immer!"

Nach dieser Rede machte sich Hillary umgehend daran, die Reisevorbereitungen für seine nächste Expedition fortzusetzen, denn er war fest entschlossen, im darauffolgenden Jahr zum Berg seiner Träume zurückzukehren und ihn erneut herauszufordern.

Wie wir alle wissen, war er dieses Mal erfolgreich. \

Jahre später wurde der inzwischen zur Legende gewordene Bergsteiger in einem Interview einmal gefragt, was eigentlich der wirkliche Beweggrund für ihn gewesen sei, solch eine Herausforderung anzunehmen. Hillary offenbarte bei dieser Gelegenheit seine innerste Überzeugung, als er antwortete: „Niemand besteigt einen Berg aus rein wissenschaftlichen Gründen. Die Wissenschaft wird dazu benutzt, das Geld für die Expedition zusammenzukriegen, aber das Klettern geschieht aus ganz anderen Gründen."

Es sind diese ganz anderen Gründe, denen wir uns in diesem Abschnitt widmen wollen und die uns eine Antwort darauf geben können, warum es einigen Menschen möglich ist, Erfolge zu erleben, von denen andere nicht zu träumen wagen. Natürlich widmete Hillary seine Besteigung des Mount Everest auch der Wissenschaft, doch war er eigentlich auf der Suche nach einem ganz anderen Thema. Er war auf der Suche nach seinen eigenen Grenzen, um das Optimale aus sich herauszuholen und so im Stande zu sein, einen größtmöglichen Teil seines vorhandenen Potenzials zu nutzen. Hillarys eigentliche Wissenschaft trug daher den Namen Persönlichkeitsentfaltung, und der Berg war seine Universität, auf der er in diesem Fachgebiet promovierte.

Hindernisse gewähren uns ein ums andere Mal die Möglichkeit, persönlich zu wachsen und unseren Horizont zu erweitern. Ein weiteres gutes Beispiel für diesen Umstand ist einer meiner besten Freunde, der schon früh in seinem Leben geschäftlich überaus erfolgreich wurde und es schaffte, praktisch über Nacht ein beträchtliches Vermögen anzuhäufen. In der festen Überzeugung, dass er sich von nun an immer auf der Sonnenseite des Lebens befinden würde, warf er mit Geld nur so um sich und kaufte sich einen Luxusartikel nach dem anderen, nur um ihn nach kurzer Zeit wieder durch einen neuen zu ersetzen. Er wohnte in den exklusivsten Häusern und mietete sich auf seinen Reisen stets in die teuersten Suiten der Luxushotels ein. Das Ende kam für ihn schnell, aber extrem schmerzvoll, als seine Geschäfte auf einmal nicht mehr so liefen, wie er es gewohnt war. Vom einen auf den anderen Tag verlor er praktisch alles, was ihm mit der Zeit wichtig geworden war, und er blickte im wahrsten Sinne des Wortes auf die Scherben seiner Existenz. Versuchen Sie bitte einmal, sich in diesen Menschen hineinzuversetzen. Können Sie sich vorstellen, wie es sich anfühlt, innerhalb kürzester Zeit alles zu verlieren, was Sie besitzen? Wie würden Sie in einer solchen Situation reagieren? Viele Menschen würden dazu tendieren, den Kopf in den Sand zu stecken und sich zurückgezogen ihre Wunden zu lecken. Er tat dies jedoch nicht.

„Was ich einmal geschafft habe, werde ich auch ein zweites Mal fertigbringen", teilte er mir voller Zuversicht mit, und arbeitete an einer Strategie, um sich wieder aus der Talsohle emporzuarbeiten. Ihm war es egal, dass sich die vielen Neider und falschen Freunde in seiner Umgebung voller Schadenfreude über ihn lustig machten und insgeheim Wetten darauf abschlossen, wie lange es dauern würde, bis er ein für alle Male resignieren würde. Mein Freund ließ sich davon jedoch nicht im Geringsten stören und verfolgte zielstrebig seine ausgearbeitete Strategie, die ihm wiederum zum Erfolg verhelfen sollte. Es dauerte nicht lange, bis er langsam aber sicher Tritt fasste und wieder erste Erfolge zu verbuchen hatte, welche ihm neue Energie verliehen. Bestärkt durch seine Leistung gewann er immer mehr an Fahrt, und es dauerte nicht einmal zwei Jahre, bis er seine Ausgangssituation vor der Pleite wieder erreicht hatte. Glauben Sie, dass er mit seinem Vermögen heute wiederum so leichtfertig umgehen würde? Nein, natürlich nicht, denn er hat seine Lektion gelernt und weiß heute ganz andere Dinge zu schätzen. Das Geld ist ihm gar nicht mehr so wichtig, für ihn haben mittlerweile ganz andere Werte erste Priorität übernommen. Er hat durch seine kurzfristige Niederlage enorm an Reife gewonnen und sich heute auf den Ausbau seiner inneren Werte konzentriert. Für seine persönliche Entwicklung war dieses Erlebnis die vielleicht wichtigste Lektion in seinem Leben, die ihn heute zu einem zufriedenen, glücklichen Menschen gemacht hat.

Mit diesem Erlebnis steht er natürlich nicht alleine da, denn in der Realität gibt es kaum einen erfolgreichen Menschen, der nicht mindestens einmal in seinem Leben auch die Kehrseite der Medaille zu sehen bekommen hat. Fragt man diese Menschen nach der wichtigsten Zeit in ihrem Leben, so wird der Großteil von ihnen bestätigen, dass es nicht die Zeit war, in der sie bereits erfolgreich waren, sondern vielmehr jene Abschnitte, wo sie eine vermeintliche Niederlage erlitten hatten und sich auf ihre wahren Werte konzentrieren mussten, um nicht am Boden liegen zu bleiben. Fast alle bedeutenden Persönlichkeiten der Geschichte machten diese Erfahrung und haben es ihr letztendlich zu verdanken, dass sie zu Leistungen im Stande waren, von denen ein durchschnittlicher Mensch nur träumen kann.

/

Sir Winston Churchill, einer der größten Staatsmänner dieses Jahrhunderts, litt während seiner Kindheit unter einem Handicap, von dem die meisten Menschen nichts wussten: Eine Lernbehinderung zwang ihn, die achte Klasse ganze dreimal zu wiederholen.

Tagtäglich war er den spöttischen Bemerkungen seiner Mitschüler ausgesetzt, und der Besuch einer guten renommierten Universität lag für ihn in unerreichbarer Ferne.

Ironischerweise war es aber gerade die Eliteuniversität Oxford, die ihn später bat, in einer öffentlichen Rede ein Wort an ihre Absolventen zu richten, um sie auf ihr weiteres Leben einzustimmen.

Churchill kam wenige Tage später genau so in Oxford an, wie ihn jeder kannte. Eine Zigarre, ein Hut und ein Gehstock begleiteten ihn stets überall, wohin er ging. Als Churchill das Podium erreichte, erhoben sich die Menschen und verfielen in stehende Ovationen. In seiner einzigartigen Art und Weise gebot er den Unmengen von Zuhören, sich zu setzen, und stellte sich selbstbewusst hinter das Rednerpult. Langsam nahm er seine Zigarre aus dem Mund, um sie dann zusammen mit seinem Hut vorsichtig auf dem oberen Ende des Pultes zu platzieren. Nachdem Churchill noch seinen Gehstock an die Seite des Rednerpultes gelehnt hatte, blickte er minutenlang wortlos auf die gespannte Menge, die förmlich an seinen Lippen hing.

Autorität schwang in seiner Stimme mit, als er endlich sein Wort an sie richtete. „Gebt niemals auf," rief Churchill laut ins Mikrofon. Nach einigen Sekunden stellte er sich noch einmal auf die Zehenspitzen und wiederholte eindringlich seine Worte: „Gebt niemals auf!"

Es herrschte absolute Stille, als Churchill nach seinem Hut und seiner Zigarre griff, seinen Stock nahm und das Rednerpult verließ.

Die Ansprache war für ihn beendet. \

Es ist wichtig, dass Sie sich erst einmal des größten Hindernisses bewusst werden, welches Ihnen auf Ihrem Weg zum Erfolg in die Quere kommen könnte. Dieses Hindernis sind Sie selber, beziehungsweise die Limitierungen, die Sie sich bewusst selbst auferlegen.

In Wahrheit handelt es sich in den meisten Fällen jedoch nur um eine geistige Blockade, die der Mensch selber erschuf. Setzt man diese außer Kraft, so werden auf einmal Dinge möglich, von denen man vorher nicht zu träumen gewagt hätte.

Sollten Sie also einmal auf ein neues Hindernis stoßen – und dies wird mit Sicherheit geschehen – so betrachten Sie es als Ihr ganz persönliches Hindernis, und schauen Sie nicht, ob vielleicht schon einmal jemand anderes daran gescheitert ist.

Andere Personen sind insofern kein Maßstab, als dass Sie nicht wissen, ob diese nicht selber von einer inneren Blockade davon abgehalten wurden, das Hindernis erfolgreich zu bewältigen.

Sie sollten es auf jeden Fall besser machen und die Herausforderung unbefangen akzeptieren, frei nach dem Motto: „Umarme die Herausforderung und lehne es ab zu versagen". Schieben Sie Ihre Entscheidung diesbezüglich also nicht auf die lange Bank, sondern nehmen Sie die Hürde sofort in Angriff.

Egal ob man sich die Geschichte von Winston Churchill oder Edmund Hillary anschaut, man gelangt stets zur gleichen Erkenntnis: Beide haben zu keinem Zeitpunkt ihres Lebens den Kopf in den Sand gesteckt und kapituliert. Stattdessen haben sie ununterbrochen versucht, das Beste aus ihren Fähigkeiten herauszuholen, und es vorgezogen, nie den Glauben an ihren Erfolg zu verlieren.

Obwohl sich Churchill zum Beispiel seit seiner frühesten Kindheit unzählige Male sagen lassen musste, dass aus ihm aufgrund seiner Behinderung wohl nie etwas werden würde, hat er trotzdem stets nur auf seine eigene Stimme gehört und sich nicht beirren lassen.

Auch Hillary wäre es wohl niemals gelungen, den Mount Everest zu besteigen, wenn er sich die Meinung seiner Mitmenschen zu Herzen genommen hätte. Schließlich galt der Berg über mehrere Generationen hinweg als unbezwingbar, und kein Mensch der damaligen Zeit hätte auch nur daran gedacht, ihn zu besteigen, solange er bei klarem Verstand gewesen wäre. Durch den gescheiterten ersten Versuch des Pioniers wurde diese Meinung seiner Mitmenschen nur noch bestärkt. Es wäre daher eigentlich ein leichtes für Hillary gewesen, einfach aufzugeben und sich der allgemein herrschenden Meinung zu fügen, schließlich hätte es jeder in seiner Umgebung nur zu gut verstanden.

Dem Umstand, dass er dies nicht tat, hat er allerdings zu verdanken, dass aus ihm einer der größten Pioniere des vergangenen Jahrhunderts geworden ist.

Sowohl Churchill als auch Hillary haben entgegen all der anfänglichen Skepsis ihrer Mitmenschen letztendlich triumphiert und im wahrsten Sinne des Wortes Geschichte geschrieben. Dies war nur möglich, weil beide frühzeitig begriffen, dass jedes auftauchende Hindernis ungeachtet seiner Größe ihre Persönlichkeit bei dem Versuch, es zu bewältigen, ungemein stärkte, und sie jede neue Herausforderung daher dankbar annahmen. Ab einem bestimmten Punkt in ihrem Leben waren sie mental so stark geworden, dass sie es schlicht und einfach ablehnten zu versagen, und das Ergebnis dieser Einstellung können wir heute in jedem Geschichtsbuch nachlesen.

Damit Sie in Ihrem Leben ebenfalls erfolgreich sein können, müssen Sie sich daher ein Beispiel an jenen Menschen nehmen, die in der Vergangenheit bereits bewiesen haben, dass keine unüberwindbaren Grenzen existieren.

Betrachten Sie daher in Zukunft jedes neu auftauchende Hindernis als eine Chance, die es Ihnen ermöglicht, persönlich zu wachsen, und erinnern Sie sich immer an Winston Churchills berühmte Worte.

„GEBT NIEMALS AUF !!!"

Short Stories zum Thema

/ Die Glühbirne (der Autor)

In dem Labor von Thomas Alpha Edison machte sich wieder einmal schlechte Stimmung breit. Wie schon unzählige Male zuvor war gerade erneut ein Versuch zur Erfindung der Glühbirne gescheitert.

Unter seinen Mitarbeitern herrschte wegen all der fehlgeschlagenen Versuche der Vergangenheit bereits seit geraumer Zeit eine regelrechte Depression, und die Motivation der Gruppe ließ daher stark zu wünschen übrig. Kaum einer von ihnen glaubte noch wirklich daran, dass ihnen die Entwicklung der elektrischen Glühbirne wirklich gelingen würde.

Als Edison nach einer kurzen Fehlersuche wieder an die Arbeit gehen wollte, äußerte einer seiner Mitarbeiter daher laut, was die meisten von ihnen im Stillen dachten. „All unsere Arbeit ist umsonst gewesen, Herr Edison. Wir haben bisher noch keinerlei Fortschritte gemacht, und wir sind uns nicht sicher, ob es überhaupt noch Sinn macht, weiter zu forschen."

Edison hielt kurz inne, um dann voller Zuversicht zu antworten. „Das ist nicht ganz richtig, wir sind bereits einen langen Weg gegangen und haben dabei eine Menge gelernt. Schließlich kennen wir jetzt mindestens 2.000 Möglichkeiten, wie es uns in Zukunft nicht gelingen wird, eine Glühbirne zu erfinden."

Was wäre geschehen, wenn sie an diesem Punkt damals aufgegeben hätten? \

/ Fenster zum Garten (der Autor)

Mittlerweile waren bereits mehrere Wochen seit Daniels schwerem Auto-unfall vergangen. Die Ärzte hatten damals eine schwere Verletzung seiner Wirbelsäule diagnostiziert, und Daniel hatte seitdem sein Bett nicht mehr verlassen. Trotz der aufmunternden Worte der Ärzte und Betreuer war er nicht dazu zu bewegen, die krankengymnastischen Übungen in Anspruch zu nehmen, die ihm der Physiotherapeut der Einrichtung anbot.

Daniel hatte der Mut verlassen, und er hatte sich bereits damit abge-funden, Zeit seines Lebens nicht mehr laufen zu können.

Eines Tages, er schwelgte gerade wieder einmal in düsteren Gedanken, wurde auf einmal die Tür zu seinem Krankenzimmer geöffnet, und die Schwestern schoben einen neuen Zimmernachbarn herein.

„Hallo, ich bin Peter", grüßte ihn sein neuer Zimmergenosse lächelnd.

Nachdem er sich in seinem neuen Zimmer eingerichtet hatte, fragte er Daniel, wie lange er noch im Krankenhaus liegen müsse.

„Mein Rückgrat ist verletzt", antwortete dieser. „Ich werde höchst-wahrscheinlich Zeit meines Lebens nicht mehr laufen können."

„Das ist schlimm," meinte Peter mitfühlend.

„Ich hatte eine ähnliche Verletzung und habe mich nur langsam von den Folgen erholen können. Die Ärzte haben mir gerade die letzten Schrauben aus meinem Rücken operiert, und ich kann es kaum abwarten, sobald wie möglich mit meiner Krankengymnastik zu beginnen."

Verständnislos schüttelte Daniel daraufhin den Kopf. „Das mag viel-leicht bei dir funktionieren, aber bei mir ist Hopfen und Malz verloren, da bin ich mir ganz sicher. Nichtsdestotrotz bewundere ich dich für deine kämpferische Einstellung und wünsche dir viel Erfolg bei deinem Vorhaben."

Die Wochen vergingen, und Peter machte immer größere Fortschritte, während Daniel unverändert in seinem Bett liegen blieb und seinem Zimmergenossen bei seinen Übungen zusah. Nach etwa sechs Wochen gelang es Peter zum ersten Mal, wieder für einige Sekunden zu stehen, und er ließ sich sofort ein paar Krücken kommen, um auf diesem Erfolg aufbauen zu können.

Nach einer weiteren Woche schaffte er es das erste Mal, sich bis ans Fenster vorzukämpfen, und dort stand er nun und schaute zufrieden hinaus. Neugierig beobachtete ihn Daniel, wie er so am geöffneten Fenster stand, und fragte ihn nach einer Weile interessiert, was es Schönes zu sehen gebe.

„Direkt vor unserem Fenster sehe ich einen wunderschönen Wald und viele Spaziergänger, die die Schönheit der Natur genießen. Die Abendsonne scheint warm über die Baumwipfel, und eine Schar von Zugvögeln sammelt sich auf einer Lichtung, um gemeinsam Richtung Norden zu fliegen."

„Gibt es noch mehr zu sehen?", fragte Daniel nach einer kurzen Pause.

„Ja, natürlich", antwortete Peter, „Unmengen von wunderschönen Dingen", und er fuhr fort, sie seinem Zimmergenossen so ausführlich wie möglich zu beschreiben.

In den Tagen darauf freute sich Daniel jedes Mal wie ein kleines Kind, wenn er sah, dass Peter mit seinen Übungen begann, weil er genau wusste, dass dieser bald wieder am Fenster stehen würde, um ihm von der wunderschönen Szenerie außerhalb des Krankenhauses zu erzählen. Er begann, für diese kurzen Momente des Glücks zu leben, und es war für ihn daher ein großer Schock, als die Ärzte seinem Zimmergenossen eines Tages mitteilten, dass er am nächsten Morgen entlassen werden könnte.

Als der Zeitpunkt des Abschieds gekommen war, saß Daniel ein regelrechter Kloß im Hals, denn abgesehen von der Tatsache, dass er seinen Freund bereits heute vermisste, wusste er ganz genau, dass er die alltäglichen Beschreibungen der Natur außerhalb des Krankenhauses mindestens ebenso vermissen würde.

Nach einer herzlichen Verabschiedung verließ Peter am nächsten Tag das Zimmer, und Daniel blieb alleine in seinem Bett zurück. Die Tage vergingen, und Daniel ging der Gedanke an die wunderschöne Aussicht einfach nicht aus dem Kopf. Mühsam versuchte er, sich aufzurichten, um wenigstens den Rollstuhl am Fußende seines Bettes erreichen zu können.

Mit Hilfe der Schwestern ließ er sich das erste Mal seit langem in seinen Rollstuhl setzen und bewegte sich langsam in Richtung Fenster. Vielleicht konnte er ja irgendwie einen Blick nach draußen erhaschen

Dort angekommen musste er jedoch feststellen, dass die Sitzposition in seinem Rollstuhl nicht hoch genug war. Egal was er auch versuchte, es war ihm unmöglich, im Sitzen einen Blick nach draußen zu werfen. Um das hochgelegene Fenster zu erreichen, musste man aufrecht stehen können.

Nach anfänglicher Niedergeschlagenheit begann Daniel erstmals wieder mit einem leichten Fitnesstraining, um seine erschlaffte Beinmuskulatur wieder zu kräftigen.

Nachdem zwei weitere Wochen vergangen waren, versuchte er erneut sein Glück am Fenster, doch reichte seine Kraft leider wieder nicht aus, um einen Blick nach draußen werfen zu können.

Mittlerweile hatte Daniel der Ehrgeiz gepackt, und er ließ die Schwester ein paar Krücken holen, um mit ihnen das aufrechte Stehen trainieren zu können. Nachdem er dies zwei Wochen mit zunehmendem Erfolg trainiert hatte, rollte er mit seinem Rollstuhl wieder zum Fenster. Mit all seiner Kraft stemmte er seinen Körper mit Hilfe der Krücken aus dem Rollstuhl und begann zitternd, seine Knie durchzustrecken.

Die Aussicht, die er nun zu Gesicht bekam, ließ Daniel allerdings tief schlucken, und nach einem Moment der Besinnung fing er lauthals an zu lachen.

Direkt vor seinem Zimmerfenster befand sich lediglich eine große schwarze Wand, die mit hässlichen Schmierereien übersät war.
Ein Wald war weit und breit nicht zu sehen. \

/ Das Bobrennen (der Autor)

Im Jahre 1995, dem Jahr vor den Olympischen Spielen von Lillehammer, kam es in Altenberg zu einem letzten Ausscheidungsrennen zwischen zwei etwa gleich starken Mannschaften. Dieses Rennen sollte darüber entscheiden, welches Team Deutschland bei den Olympischen Spielen vertreten dürfe.

Nachdem die ersten beiden der vier angesetzten Läufe sehr ausgeglichen verliefen, leistete sich die eine Mannschaft im dritten Lauf einen gravierenden Fahrfehler, der sie um mehr als drei Zehntelsekunden zurückwarf. Völlig niedergeschlagen, davon überzeugt die mögliche Qualifikation endgültig verspielt zu haben, begann das Team, den Kopf in den Sand zu stecken. Ihr Trainer versuchte zwar alles, um seine Sportler noch einmal zu motivieren, doch waren seine Mühen vergebens.

Der im Bobsport immens große Rückstand von drei Zehntelsekunden schien den Athleten einfach zu groß, um ihn noch aufholen zu können.

Halbherzig machten sie sich also an die Startvorbereitungen zu ihrem vierten und letzten Lauf, den sie mehr schlecht als recht bewältigten. Sie machten zwar keinen Fahrfehler, doch war alleine schon ihre Startzeit, aufgrund ihre mangelnden Motivation, zu schlecht, um eine gute Gesamtzeit erzielen zu können. Niedergeschlagen saß die Mannschaft nun im Zielhäuschen und wartete auf den Auftransport, um ihren Schlitten zu verladen

Auf dem Weg nach oben hörten sie über den Lautsprecher, wie sich ihre Konkurrenten, die vermeintlichen Sieger, am Starthäuschen fertig machten und mit einer neuen Startbestzeit ins Rennen gingen. Alle darauffolgenden Zwischenzeiten des Schlittens waren ebenfalls erstklassig, bis auf einmal ein lauter Knall und ein Raunen aus der Zuschauermenge zu vernehmen war.

In der vorletzten Kurve hatten die Führenden, ebenso wie die Zweit-

platzierten im Lauf zuvor, einen folgenschweren Fahrfehler begangen, der sie einiges an Zeit kosten würde. Alle warteten daher gespannt auf die Endzeit, welche auch alsbald vom Bahnsprecher verkündet wurde.

Mit einem hauchdünnen Vorsprung von lediglich fünf Tausendstelsekunden hatten es die bisher Führenden demnach geschafft, ihren Vorsprung ins Ziel zu retten. Natürlich waren sie außer sich vor Freude über dieses knappe Ergebnis.

Den Athleten des unterlegenen Teams, die das Geschehen vom Auftransport aus verfolgt hatten, stockte unterdessen der Atem.

Hätten sie nur ein wenig mehr Einsatz bei ihrem letzten Lauf gezeigt, wären sie nun die Sieger gewesen, und ihnen wäre die Ehre zu Teil geworden, ihr Land bei den Olympischen Spielen zu vertreten. \

/ Der Felsbrocken

Mitten auf dem Feld eines alten Bauern befand sich seit Jahr und Tag ein großer Felsbrocken, der ihn ein ums andere Jahr entscheidend bei der Arbeit behinderte. Jedesmal wenn der alte Mann sein Feld pflügte, war er daher gezwungen, einen großen Bogen um diesen Stein zu machen, doch trotz aller Vorsicht war es schon mehrmals passiert, dass er mit seinem Gerät den Felsbrocken streifte, und so seine Maschinen beschädigte.

Der Bauer ärgerte sich jedesmal aufs Neue über solch ein Missgeschick, doch war er es letztendlich nicht anders gewohnt. Schließlich hatte auch schon sein Vater und dessen Vater immer vorsichtig um diesen Felsbrocken herum gearbeitet.

Eines Tages jedoch war die Beschädigung am Mähdrescher sehr viel größer als gewöhnlich. Der Bauer merkte schon bei der ersten flüchtigen Kontrolle, dass es eine sehr schwere Reparatur werden würden, wenn er die Maschine wieder voll funktionstüchtig bekommen wollte. In jedem

Fall wusste er jedoch, dass sein alter Mähdrescher eine solche Beschädigung nicht noch einmal überstehen würde, und er entschloss sich gezwungenermaßen dazu, den Fels genauer zu inspizieren. Vielleicht war es ja irgendwie möglich, ihn mit Hilfe schwerer Gerätschaften zu entfernen.

Der alte Mann begann also damit, den Felsbrocken auszugraben, um sich einen ersten Eindruck von dessen Abmessungen machen zu können, doch ließ ihn eine überraschende Entdeckung schon bald wieder mit der Arbeit aufhören.

Bereits nach wenigen Spatenstichen hatte er festgestellt, dass der vermeintlich große Felsbrocken gar nicht tief ins Erdreich hineinragte, sondern lediglich einige Zentimeter dick war. Ohne großen Aufwand konnte der alte Mann den Fels mit Hilfe eines gewöhnlichen Hammers zerschlagen. Für den Bauern war es danach ein Leichtes, die kleinen Steinbrocken einzusammeln und auf Nimmerwiedersehen in einen nahegelegenen Steinbruch zu fahren.

Sein Problem war somit ein für alle Mal gelöst.

Noch Jahre später musste der alte Mann lachen, wenn er daran dachte, wieviel leichter er und seine Vorfahren hätten leben können, wenn nur einer von ihnen früher einmal versucht hätte, den vermeintlich riesigen Felsbrocken fortzubewegen. \

/ Der Esel in der Grube

Vor langer Zeit machte sich ein alter Bauer zusammen mit seinem Esel auf den Weg zu seinem Acker, um dort sein Feld zu bestellen. Sie waren noch nicht weit gekommen, als der Esel ausrutschte und in eine tiefe Grube stürzte, aus der er trotz aller Anstrengung nicht mehr herauskam.

Dort stand er nun und blickte nach oben, um zu schauen, was sein Herr unternahm, um ihn aus seiner misslichen Lage zu befreien.

Nach einigen Minuten merkte er zu seiner Überraschung, dass eine Schaufel Sand auf ihn geschüttet wurde, der immer weitere Schaufeln folgten. Voller Panik, überzeugt davon, dass ihn sein Herr lebendig begraben wollte, begann er den Dreck von sich herunter zu schütteln und sich instinktiv darauf zu stellen.

Abschütteln und darauf stellen, abschütteln und darauf stellen, der Esel versuchte sich nun selber zu motivieren, und je länger es dauerte, desto höher wurde der Hügel, auf dem er stand.

Obwohl er mittlerweile schon sehr müde war, gab er nicht auf, und noch bevor der Abend hereinbrach, war der Dreckhaufen in der Grube hoch genug, damit der Esel triumphierend heraus stolzieren konnte, um sich zusammen mit seinem Herrn noch am wundervollen Sonnenuntergang zu erfreuen.

Was anfangs noch so ausgesehen hatte, als ob es ihn begraben würde, hatte ihm letztendlich das Leben gerettet, und das nur, weil er der Herausforderung positiv entgegen getreten war und sich nicht von den Erdmassen hatte begraben lassen. Wie im wahren Leben war er dazu bereit, sich den Problemen zu stellen und nicht in Panik oder Selbstmitleid auszubrechen, um sich von ihnen begraben zu lassen.

Und nur diese positive Einstellung des Abschüttelns und Daraufsteigens ist es, die es jedem von uns ermöglicht, ebenso wie der Esel am Ende des Tages den Sonnenuntergang zu genießen. \

/ Das Hindernis mitten im Weg (Autor unbekannt)

Vor langer Zeit ließ ein König die Hauptstraße seiner Stadt auf Drängen seiner Untertanen neu pflastern. Nach getaner Arbeit ließ er in der Mitte der Straße jedoch einen großen Stein aufstellen, um die Reaktionen seiner Untertanen auf dieses neue Hindernis zu erkunden.

Versteckt hinter einem Fenster beobachtete er, wie nacheinander die bedeutendsten Repräsentanten seines Hofstaates die Straße heruntergingen, und, nachdem sie das Hindernis zu Gesicht bekommen hatten, einen Bogen um den Stein machten, wobei sie eine Pfütze passieren mussten.

Viele von ihnen begannen daraufhin zu schimpfen und verfluchten den König lauthals, weil sie verärgert über ihre nassen Schuhe waren, und schritten missmutig ihres Weges. Keiner von ihnen kam auf die Idee, den Stein aus dem Weg zu räumen.

Die Stunden vergingen, und der König war es mittlerweile bereits leid, immer wieder aufs Neue die gleiche Reaktion seiner Untertanen beobachten zu müssen, als auf einmal ein Bauer, den Rücken vollbepackt mit den Früchten seiner Ernte, des Weges kam.

Als dieser das störende Hindernis zu Gesicht bekam, legte er seine Last am Wegrand ab und machte sich umgehend daran, den Stein zu entfernen. Nach vielen vergeblichen Versuchen gelang es ihm endlich, den Stein zu lösen und langsam von der Straße zu rollen. Als er sich nach getaner Arbeit bücken wollte, um seine Last wieder aufzunehmen, bemerkte er, dass an der Stelle, wo vorher der Stein stand, ein kleines Ledersäckchen lag, welches der König dort versteckt hatte.

Der Bauer öffnete nichtsahnend das Säckchen, und heraus kamen mehrere Goldstücke sowie ein Brief, den der König dort für den Finder zurückgelassen hatte. In diesem erklärte er, dass derjenige, der den Stein als Erster bewegt hatte und demzufolge das Geld als Erster fand, das Recht hatte, dieses auch zu behalten.

Bei dieser Gelegenheit lernte der Bauer eine Lektion, die viele Menschen vielleicht niemals begreifen werden. Nämlich dass jedes Hindernis auch gleichzeitig eine Gelegenheit darstellen kann, um die eigene Situation entscheidend zu verbessern. \

/ Der Hürdenläufer (der Autor)

Es geschah auf einem kleinen städtischen Leichtathletikwettkampf im Januar des Jahres 1986. Die Endläufe der jeweiligen Disziplinen kündigten sich an, und die Hürdenläufer, welche als nächste an der Reihe waren, machten sich bereits hinter ihren Startblöcken warm.

Unter ihnen befand sich ein Newcomer, der in diesem seinem ersten Hürdenrennen auf Anhieb den Endlauf erreicht hatte und nun voller Nervosität dem Start entgegen fieberte. Sein Trainer hatte kurz vor dem Start noch einmal versucht, ihn zu beruhigen, und stand nun mindestens ebenso gespannt wie der Athlet an der Seite und beobachtete angespannt das Geschehen.

Die Läufer hockten bereits in ihren Startblöcken, als der Trainer auf einmal leichenblass wurde. Sein Schützling hatte sich in all der Aufregung aus Versehen den Startblock verkehrt herum eingestellt und würde nun mit dem falschen Bein zuerst an der Hürde ankommen. Eine Situation, die man im Training niemals zuvor geübt hatte.

Und selbst wenn, das weiss so gut wie jeder Leichtathlet, hätte es Monate gedauert, bis sich der Körper beziehungsweise das Gehirn an den Seitenwechsel gewöhnt hätte.

Der Trainer versuchte daher verzweifelt, dem Kampfrichter oder dem Athleten zu signalisieren, dass man den Start abbrechen müsse, doch war es bereits zu spät, und er musste hilflos mit ansehen, wie sich die Läufer in ihren Startblöcken aufrichteten, und der Startschuß sie ins Rennen schickte. Sein Schützling kam danach zwar mit dem falschen Bein an der ersten Hürde an, doch wie durch ein Wunder meisterte er das Hindernis ohne größere Schwierigkeiten, genau wie die darauffolgenden Hürden ebensowenig ein Problem darstellen sollten.

Mit großem Abstand vor den anderen Läufern überquerte er die Ziellinie, und als sein Trainer ihn später fragte, wie in aller Welt er es geschafft habe, seine Technik so schnell umzustellen, war er völlig verblüfft.

Zu keinem Zeitpunkt des Rennens hatte er gemerkt, dass er mit seinem schwachen Bein zuerst über die Hürden gegangen war.

Und selbst wenn, wäre es ihm auch egal gewesen, ließ er später verlauten.

In den Jahren darauf sollte Claude Edorh zu einem der erfolgreichsten deutschen Hürdensprinter der neunziger Jahre werden und seine Kontrahenten noch bei so manchem Rennen durch seine besondere, positive Grundeinstellung beeindrucken. \

Zitate zum Thema

„Versagen darfst du, aber niemals aufgeben."
(Mary Crowley)

„Niemand weiß, wie weit seine Kräfte gehen, bis er sie versucht hat."
(Johann W. von Goethe)

„Missgeschicke sind wie Messer; sie können uns nützen oder schaden, je nachdem, ob wir sie beim Griff oder bei der Klinge nehmen."
(James R. Lowell)

„Das Beste am Leben sind die Probleme. Ein Leben ohne Probleme – eine schreckliche Vorstellung."
(Umberto Eco)

„Ein Edelstein wird ohne Reiben nicht blank, ein Mensch ohne Prüfung nicht vollkommen."
(chinesische Weisheit)

„Das Beginnen wird nicht belohnt, einzig und allein das Durchhalten."
(Katharina von Siena)

„Ich bin nicht entmutigt, weil jeder als falsch verworfene Versuch ein weiterer Schritt vorwärts ist."
(Thomas A. Edison)

„Auf der Straße des geringsten Widerstandes versagen die besten Bremsen."
(Quelle unbekannt)

„Nur Beharrung führt zum Ziel, nur die Fülle führt zur Klarheit, und im Abgrund liegt die Wahrheit."
(Friedrich Schiller)

„Bei den Big Shots handelt es sich lediglich um die Little Shots, die nicht aufhörten zu schießen."
(Christopher Morley)

„Als ich ein junger Mann war, stellte ich fest, dass neun von zehn Aufgaben, die ich in Angriff nahm, fehlschlugen. Ich wollte nicht, dass auch noch die zehnte fehlschlug, und darum begann ich, zehnmal soviel Arbeit zu investieren."
(George B. Shaw)

„Lass dich vom Leben nicht entmutigen; jeder der dort ist, wo er ist, musste dort beginnen, wo er einmal war."
(Richard Evans)

„Durchhaltevermögen ist ein wichtiger Bestandteil des Erfolges. Wenn du lange genug und laut genug an eine Tür klopfst, kannst du sicher sein, irgendwann jemanden aufzuwecken."
(Henry W. Longfellow)

„Der Mann, der den Berg abtrug, war derselbe, der damit angefangen hatte, kleine Steine wegzutragen."
(Alte Chinesische Weisheit)

„Es gibt keine Abkürzungen zu irgendeinem Platz, der es wert ist, erreicht zu werden."
(Beverly Sills)

„Nur der Mittelmäßige ist ständig in Bestform."
(William S. Maugham)

„Auf jedem Berg gibt es einen Pfad, auch wenn er vom Tal aus nicht gesehen werden kann."
(James Rogers)

„Am feinsten ist der Erfolg, der nicht willig kommt wie eine zahme Hauskatze, sondern den man bezwingen muss wie ein wildes Pferd."
(Sir Peter Ustinov)

„Der Erfolg lässt eine Unzahl von Fehlleistungen vergessen."
(George B. Shaw)

„Fast alles ist leichter begonnen als beendet."
(Johann W. Goethe)

„Der Misserfolg stärkt die Starken."
(Antoine de Saint Exupéry)

„Aller Anfang ist leicht, und die letzten Stufen werden am seltensten erstiegen."
(Johann W. Goethe)

„Jedes Handicap im Leben ist wie eine Hürde beim Springreiten. Wenn du darauf zureitest und dein Herz zuerst herüberwirfst, wird das Pferd automatisch folgen."
(Lawrence Bixby)

„Der Klügere gibt nach, aber nicht auf."
(Rupert Schützbach)

„Misserfolg ist die Chance, es beim nächsten Mal besser zu machen."
(Henry Ford)

„Es ist eine unebene Straße, die zu den Höhen wahrer Größe führt."
(Seneca)

„Fehlschläge sind die Würze, die dem Erfolg sein Aroma gibt."
(Truman Capote)

„Es ist genauso, als ob du mit einem Gorilla ringen würdest. Du hörst nicht dann auf, wenn du müde bist – du hörst dann auf, wenn der Gorilla müde ist."
(Robert Strauss)

„Damit das Mögliche entsteht, muss man immer wieder das Unmögliche versuchen."
(Hermann Hesse)

„Wichtig ist nicht die Größe des Hundes im Kampf. Entscheidend ist vielmehr die Größe des Kampfes im Hund."
(Mark Twain)

„Um Erfolg zu haben, musst du etwas finden, was du erreichen willst, etwas, um dich zu motivieren und zu inspirieren."
(Tony Dorsett)

„Tu es oder lass es bleiben. Es gibt kein Herumprobieren."
(Yoda, Jedi-Meister)

„Der Anfang ist der wichtigste Teil der Arbeit."
(Platon)

V. Teil

Nimm jeden Menschen ernst

„Ändere deine Einstellung zu den Menschen, und die Menschen ändern ihr Einstellung zu dir!"

(Samy Molcho)

Die menschliche Realität

Die vielen Missverständnisse in unserer Welt, die Tag für Tag zwischen den einzelnen Menschen entstehen, sind letztendlich auf nur eine einzige Ursache zurückzuführen: Jeder von uns lebt in seiner eigenen Realität, die aus den Prägungen seiner Vergangenheit resultiert und in deren Rahmen er seine Umgebung betrachtet. Es existieren auf unserem Planeten insgesamt mehr als fünf Milliarden verschiedene Realitäten, wobei jeder dem anderen seine Sichtweise plausibel machen will. Wenn zwei verschiedene Realitäten aufeinander stoßen, kann es so unter Umständen zu Reibereien zwischen den beiden Ansichten führen, für die letzten Endes ein gehöriges Maß an Intoleranz verantwortlich ist.

Den meisten von uns fällt es nämlich äußerst schwer, der Realität eines anderen ebenso viel Gewicht beizumessen wie der eigenen. Bei Realitäten, die sich sehr ähnlich sind, mag dieser Umstand nicht so problematisch sein, doch wird es um so schwieriger, je weiter diese auseinander liegen. Gerät der Einzelne dazu noch in eine schlechte emotionale Verfassung, so spitzen sich die Konflikte immer weiter zu und können im Extremfall eskalieren.

Toleranz ist in jedem Fall der Schlüssel zum Erfolg bei jeglicher Kommunikation zweier Menschen. Wir müssen lernen zu akzeptieren, dass die Meinung des anderen in dessen Realität genauso wirklich und daher wichtig ist wie die eigene für uns.

Tief in seinem Inneren ist jeder Mensch daran interessiert, eine Lösung für zwischenmenschliche Probleme zu finden, und genau diesen Umstand können wir uns Tag für Tag zu Nutze machen, indem wir einfach mit etwas mehr Verständnis auf unsere Umwelt zugehen. Es nützt uns nichts, wenn wir uns gegenüber anderen Menschen verschließen, weil wir – vielleicht zu Recht – annehmen, dass unsere Sicht der Dinge die passendere ist. Dies wird weder uns weiterhelfen, noch hilft es dem anderen Menschen dabei, einen gemeinsamen Nenner zu finden. Ob in unserer Familie oder in unserem weitesten Umfeld, Tag für Tag werden so unzählige Chancen verpasst, um aus Begegnungen eine positive Energie zu beziehen.

Wie wir bereits besprochen haben, fällt es uns am leichtesten, mit jenen Menschen zu kommunizieren, deren Realität mit unserer am stärksten übereinstimmt, doch sollten wir natürlich auch versuchen, den anderen ebenso viel Respekt und Aufmerksamkeit zukommen zu lassen! In Ihrem jeweiligen Gegenüber wird sich schließlich genau der gleiche Vorgang abspielen wie bei Ihnen selbst, und wer soll da den Anfang machen, wenn nicht Sie? Es gibt einen guten Trick, den Sie verwenden können, um Ihre Grundhaltung diesbezüglich entscheidend zu verändern, indem Sie einfach folgende Worte im Geiste wiederholen, bevor Sie mit einem Menschen in Kontakt treten: „Du bist ein wertvoller Mensch, und ich respektiere deine Realität." Wenn Sie sich an diese einfache Regel halten, werden Sie schon bald merken, wie sehr sich Ihre Umwelt für Sie zum Positiven entwickeln wird!

Das Gesetz der Resonanz

„Wie ich in den Wald hineinrufe, so schallt es heraus," lautet eine alte Weisheit, die diesen Umstand treffend beschreibt. Auch für die menschliche Interaktion gilt das Gesetz der Resonanz. In diesem

Sinne zieht man immer die Menschen und Situationen an, die dem eigenen Inneren entsprechen. Wie war Ihre letzte Woche? Wie haben sich die Menschen verhalten, denen Sie begegnet sind? Waren Sie guter Laune oder eher schlecht gestimmt?

Bin ich meiner Umwelt gegenüber negativ eingestellt, wird Sie mir mit der gleichen Einstellung entgegen treten. Gehe ich jedoch mit einer positiven Haltung auf meine Mitmenschen zu, so werden Sie mir in genau der gleichen Art und Weise begegnen. Demzufolge liegt es also einzig und allein in unserer Macht, unsere Umgebung so zu kreieren, dass Sie uns gefällt, oder so zu beeinflussen, dass Sie eben nicht so prickelnd erscheint. Überlegen Sie einmal, wie Ihre persönliche letzte Woche verlaufen ist, und ziehen Sie ein Resümee! Wenn Sie selber gut gelaunt waren, ist es mehr als wahrscheinlich, dass Ihnen auch Ihre Umwelt positiv gegenüber getreten ist. Befanden Sie sich jedoch in einer negativen Gemütslage, so wird es Ihnen Ihre Umgebung mit genau der gleichen negativen Energie gedankt haben. Wie schaffen wir es aber, unsere Umwelt stets so zu beeinflussen, dass wir als Resonanz eine positive Energie zurückbekommen?

Wichtig ist zuerst einmal, dass wir es schaffen, eine gesunde Basis zu kreieren, die es uns ermöglicht, mit Ausgeglichenheit in den vor uns liegenden Tag zu starten. Den Ausgangspunkt hierfür setzen wir jedoch nicht an dem Tag, an dem wir gerne Positives erleben möchten, sondern bereits am Vortag, indem wir uns einfach an folgende Regeln halten:

1. Klären Sie alle Unklarheiten sofort und umgehend auf, und vermeiden Sie es, diese mit sich herum zu schleppen. Ihre innere Ausgeglichenheit wird es Ihnen danken!
2. Bei Diskussionen sollten Sie immer zwei bis drei Lösungs-

vorschläge machen, um dazu beizutragen, einen Disput gütlich zu beenden. Versuchen Sie, Diskussionen stets so zu lenken, dass diese auf konstruktive und positive Bereiche zusteuern.

3. Nehmen Sie niemals einen Streit (besonders mit Familie, Partner und Freunden) mit ins Bett, sondern halten Sie sich an die zweite Regel, und suchen Sie nach einer Lösung, bevor Sie die Augen schließen. Erinnern Sie sich noch an das Unterbewusstsein? Welchen Sinn macht es, wenn wir ihm für die Nacht einen solch negativen Input vorsetzen. Das Produkt dessen kann man heutzutage in jeder offiziellen Scheidungsstatistik nachlesen.

4. Sprechen Sie über die Dinge, die Sie ärgern, ebenso wie über die Dinge, die Sie erfreuen. Vermeiden Sie, es den Ärger in sich hinein zu fressen! Ärger ist negative Energie, und Sie können sich vorstellen, was passiert, wenn man ausreichend davon angesammelt hat!

5. Lernen Sie zu akzeptieren, dass Sie erst geben müssen, bevor Sie etwas empfangen können. Arbeiten Sie hinsichtlich dieser Tatsache konsequent an sich, und Sie werden reich belohnt werden!

Dass eine starke Verbindung zwischen den Menschen besteht, wurde mir während eines Seminars bewiesen, das ich vor einiger Zeit besuchte. Jeweils zwei Teilnehmer führten abwechselnd einen Versuch durch, wobei der eine den Hotelflur herunterging, und der andere hinter ihm stehend versuchte, ihn allein durch die Kraft seiner Gedanken zum Stehenbleiben oder zum Weitergehen zu bewegen. Obwohl ich anfangs etwas skeptisch war, durfte ich schon bald feststellen, dass es tatsächlich funktionierte.

Zwar handelte es sich hierbei um einen äußerst simplen Versuch, doch alleine die Tatsache, dass er gelang, lässt mich daran glauben, dass es auch bei komplizierteren Vorgängen möglich ist.

Wir sind also in der Lage, mit unseren Gedanken und unserer Energie unsere Umwelt entscheidend zu beeinflussen. Ob bewusst oder unbewusst, wir tun dies tagtäglich und werden dies auch die restlichen Jahre unseres Lebens tun. Es steht Ihnen frei zu entscheiden, ob Sie Ihre Umwelt lieber mit positiven Gedanken beeinflussen wollen und so höchstwahrscheinlich auch selber ein positives Feedback zurückerhalten, oder ob Sie sich mit Negativem herumquälen und Ihre Lorbeeren dafür einstreichen.

Das emotionale Konto

Vor einigen Jahren haben Wissenschaftler eine Studie durchgeführt, die einen Zusammenhang zwischen Erfolg und geistiger Güte beziehungsweise guten Taten untersuchen sollte. Als Indikator wurde für diesen Versuch die Spendenbereitschaft der Probanden herangezogen, und dann geschaut, inwiefern sich dies auf ihren Erfolg auswirkte. Die Studie ergab, dass jene Menschen, die regelmäßig einen gewissen Prozentsatz ihrer Einkünfte an Bedürftige weitergaben, ungleich erfolgreicher waren als jene Menschen, die förmlich auf ihrem Geld saßen. Eine genaue Erklärung kann ich ihnen dafür nicht anbieten, doch bin ich der festen Überzeugung, dass es hier nicht nur um Geld, sondern vielmehr um eine universelle Angelegenheit geht.

Ich versuche dies immer mit der Existenz eines emotionalen Kontos zu erklären, dass ebenso wie das Sparkonto bei unserer Bank regelmäßig Zinsen abwirft. Wenn wir einem anderen Menschen etwas Gutes tun, und damit meine ich nicht nur das

Spenden von Geld, bekommen wir diese Tat auf unserem emotionalen Konto gutgeschrieben. In meinen Augen macht es sogar keinen großen Unterschied, ob Sie einem Menschen Ihre Zeit oder Ihr Geld zukommen lassen.

Wenn man die Herkunft des Geldes einmal konsequent zurückverfolgt, landet man letztendlich bei unserer Arbeit. Für die dort verbrachte Zeit werden wir entlohnt. Die Menge an Geld, die ich für meine Arbeit erhalte, ist dabei proportional abhängig von deren Wert für meine Firma oder meine Kunden. Widme ich einem anderen Menschen in meiner Umgebung intensiv einen Teil meiner Aufmerksamkeit, so entsteht der gleiche Effekt, der daher auch die gleichen Auswirkungen haben wird. Wie sagt der Volksmund so schön, „Zeit ist Geld". Mit der Zeit wächst so unser Guthaben auf unserem emotionalen Konto, und wir erhalten immer mehr Zinsen, über die wir zu unserem Vorteil frei verfügen können. Die Währung unserer Zinseinkünfte ist dabei natürlich nicht nur Geld, sondern auch eine gewaltige Menge an Glück und Zufriedenheit.

Energie weitergeben

Leider leben wir heute in einer Gesellschaft, die dazu tendiert, andere Mitmenschen viel zu schnell in eine bestimmte Schublade zu ordnen. Es ist gleichgültig, ob ich das zunehmende Lebenstempo und den daraus resultierenden Stress oder die zunehmende Ellenbogenhaltung dafür verantwortlich mache. Fakt ist, dass der zwischenmenschliche Kontakt immer weiter abnimmt. Die meisten Menschen sind einfach zu sehr mit ihren eigenen Problemen beschäftigt, als dass sie sich noch großartig um ihre Mitmenschen kümmern könnten. Das schlechte Gewissen, was den einen oder

anderen von uns dann doch einmal erfasst, kann man meist recht-
zeitig zu Weihnachten ohnehin problemlos erleichtern, indem man
den armen Menschen in der dritten Welt eine große oder kleine
Spende zukommen lässt. Der Vorgang ist ähnlich wie die Beichte in
der Kirche: Erst möglichst viele, in diesem Fall emotionale Sünden
sammeln und sich dann problemlos von ihnen befreien.

Was passiert aber in unserem täglichen Leben, wenn wir vor
einer Gelegenheit stehen, eine gute Tat Auge in Auge zu begehen?
Haben Sie schon einmal beobachtet, wie gekonnt es die Menschen
bewerkstelligen, einem Bettler auf der Straße nicht in die Augen
schauen zu müssen, wenn sie sich auf dem Weg zu ihrem ach so
wichtigen Ziel befinden? „Der legt das Geld doch ohnehin nur in
Schnaps an. Warum soll ich solch einen Menschen unterstützen?"
hört man oft als Erklärung für eine Spendenverweigerung. Die
Tatsache, das viele Bettler ein Alkoholproblem haben, ist unumstößlich und allseits bekannt, doch resultiert aus dieser Behauptung konsequenterweise natürlich die Frage, wie es dieser Bettler
schaffen kann, nur mit der Aufnahme von Alkohol zu überleben?
Jeder Mensch muss essen, und die Beurteilung darüber, ob der
Bettler, dem ich einen Euro zukommen lasse, sich nun ein weiteres
Bier kauft oder aber ein belegtes Brötchen, traue ich mir jedenfalls
nicht zu. Genauso wenig weiß ich, wie viel von meinen alljähr-
lichen Weihnachtsspendengeldern dem armen afrikanischen Kind
aus dem Prospekt oder dem Fernsehen zukommt, doch spende ich
in diesem Fall gerne. Die Frage, welche ich mir eigentlich stellen
müsste, ist, was ich tun kann, um die Mittel, die in meiner Macht
stehen, auszuschöpfen. Vorausgesetzt natürlich, dass ich etwas
spenden will.

Versuchen Sie sich einmal in die Lage eines Bettlers zu versetzen, der vielleicht seit drei Jahren auf der Straße lebt und sein

Dasein damit fristet, wildfremde Menschen um Kleingeld anzubetteln. Von Zeit zu Zeit erhalten Sie tatsächlich einmal ein paar Geldstücke zugeworfen, doch eilen die meisten Menschen hastig an Ihnen vorbei, krampfhaft bemüht, Ihnen nicht in die Augen zu schauen. Andere wiederum blicken angewidert in die entgegengesetzte Richtung, und Mütter benutzen Sie als abschreckendes Beispiel, um Ihren Kindern Angst einzujagen. Es ist schon lange her, dass Sie ein eigenes Zuhause hatten, auf das Sie sich abends freuen konnten, ganz zu schweigen von einer Badewanne und lieben Menschen, die auf Sie warten. Drei Jahre, in denen Sie sich von der Gesellschaft immer weiter entfernt haben, die Sie nun mit Nichtachtung straft. Wie wäre es in einem solchen Fall um Ihr Selbstwertgefühl bestellt? Ich bin mir ziemlich sicher, dass sehr viele Menschen in einer ähnlichen Lebenssituation ebenfalls versuchen würden, ihre Trauer und ihren Lebensfrust mit Alkohol herunter zu spülen. Was kann ich also tun, um meinem Nächsten auf der Straße wenigstens ein gutes Gefühl zu geben? Es wäre schließlich mehr als prickelnd, wenn ich es schaffen könnte, dem Bettler abgesehen von meinem Kleingeld auch ein positives Gefühl mit auf den Weg zu geben.

Denkanstöße vermitteln

Ein Anfang wäre zum Beispiel, wenn ich für das Geld, welches ich ihm gebe, eine Gegenleistung verlange, um den Mann oder die Frau aus der Apathie zu entführen. Vor längerer Zeit habe ich damit angefangen, genau diesen Gedanken in die Tat umzusetzen, und bitte seitdem jeden Bettler um eine Lebensweisheit, die ich ihm für einen Euro abkaufe. Ich werde nie das Gesicht des ersten Mannes vergessen, den ich fragte. Sein Gesichtsausdruck wechselte von einer Sekunde zur anderen, als er merkte, dass ich ihm nicht einfach nur Geld zustecken wollte, sondern persönlich auf ihn zuging. Es dauerte einen Moment, bevor er reagierte und zur Sicherheit erst einmal fragte, wie genau ich das denn meinen würde. Nachdem ich es ihm erklärt hatte, begann er intensiv nachzudenken, und er war vollkommen in der Gegenwart, als er mir antwortete: „Mach etwas aus deinem Leben, und nimm nichts als selbstverständlich hin. Wenn du eine Chance hast, dann nutze sie, ohne lange nachzudenken, und sei immer gut zu deinen Mitmenschen."

Was für eine Antwort von einem Mann, an dem die meisten Menschen vorbeigehen! Ich hatte ein gutes Gefühl, als ich ihm das Geldstück übergab, ihn anlächelte und mich bedankte. Der Bettler lächelte ebenfalls und schaute mir direkt in die Augen, ohne wirklich auf das Geldstück zu achten, das er in der Hand hielt. Der Wert des Geldes spielte für ihn in diesem Moment keinerlei Rolle. Wir waren beide zufrieden. Er, weil er aus seinem monotonen Alltag gerissen wurde und merkte, dass es doch Menschen gibt, die seine Lebenserfahrung und damit seine Person zu schätzen wissen, und ich, weil ich einen extrem wertvollen Ratschlag bekommen hatte, von einem Mann, der mit Sicherheit sehr viel über das Leben nachgedacht hatte. Seit damals gehe ich persönlich immer so vor und sammele all die verschiedenen Lebensweisheiten, die ich mir für einen Euro „erkaufe", und ich kann Ihnen sagen, dass zwischen all diesen Zitaten eine Unmenge an Schätzen zu finden sind, die ich mir in einer ruhigen Minute immer mal wieder zu Gemüte führe.

Fakt ist, dass jeder Mensch etwas zu sagen hat und es verdient, angehört zu werden. Woher soll ich schließlich wissen, wer der Mensch eigentlich ist, mit dem ich da gerade spreche. Was im vermeintlich Kleinen beginnt, wie das Beispiel mit dem Bettler deutlich machen soll, kann man auch auf das Große übertragen.

Mitarbeitermotivation

Ein erfolgreicher amerikanischer Geschäftsmann wurde einmal gefragt, wie er es immer geschafft habe, besonders jene seiner Mitarbeiter zu motivieren, die zuvor bei anderen Unternehmen kein Bein auf die Erde gekriegt hatten. Komischerweise vollbrachten nämlich gerade diese Arbeitskräfte wahre Wunder, seitdem sie ihre neue Stelle in seiner Firma angetreten hatten.

Der Mann antwortet daraufhin bescheiden, dass er im Gegensatz zu deren vorherigen Chefs einfach eine vollkommen andere Philosophie vertreten würde.

Auf die Frage, welche besondere Philosophie er vertrete, antwortet er: „Als ich klein war, bin ich im Mathematikunterricht in der Schule immer einer der Schlechtesten gewesen. Unser damaliger Lehrer hatte den Unterricht mit seiner diktatorischen Art so wenig inspirierend gestaltet, dass wir alle jedesmal froh waren, wenn die Stunde vorbei war.

Er hat uns damals stets das Gefühl vermittelt, dass wir eigentlich gar nichts wert wären und dass unser mathematisches Verständnis verglichen mit dem seinen ohnehin gegen Null tendieren würde. Dies alles änderte sich schlagartig, als wir einen neuen Lehrer bekamen. Dieser behandelte jeden von uns so, als ob ein potenzieller Wissenschaftler in ihm schlummern würde.

Es dauerte nicht lange, und ich gehörte zu einem der besten Mathematikschüler in der Klasse, was gar nicht leicht war, denn mittlerweile gab es eigentlich gar keinen schlechten Schüler mehr unter uns. Auf einem Klassenausflug fragten wir den Lehrer daher, wie er es fertiggebracht habe, eine derartige Veränderung in unserer Mathematikklasse zu erzielen. Unser Lehrer schaute uns daraufhin ernst an und beantwortete unsere Frage mit einem einzigen Satz. 'Es ist leicht, den Geist aus einem jungen Hund herauszuprügeln, aber es ist nahezu unmöglich, diesen wieder in den erwachsenen Hund hereinzubekommen.' Genauso behandele ich auch meine Angestellten und Mitmenschen. Anstatt sie andauernd zu gängeln, mache ich ihnen lieber ihre ureigenen Werte bewusst und versuche, ihre natürlichen Talente zu fördern.

Das ist der Grund, warum auch Menschen, die vorher in anderen Firmen gescheitert sind, bei mir innerhalb von kürzester Zeit zu Spitzenkräften avancieren.

Alles was ich getan habe, war, ihren Geist zu beleben und sie zu ermutigen, ihr natürliches Potenzial zu erschließen."

Verpasste Chancen

Was denken Sie, wie viele Menschen bereits eine riesengroße Chance verstreichen ließen, nur weil sie sich nicht die Zeit nahmen, ihrem Gegenüber zuzuhören? Ich bin mir sicher, dass diese Chancen übereinander gehäuft einen wahren Berg ergeben würden, der in seinen Ausmaßen unvorstellbar wäre. In Wahrheit strotzt die Geschichte nur so vor Momenten, in denen Menschen eine riesige Chance vergaben, nur weil sie einem anderen Menschen nicht zuhören wollten.

Der Name Mark Twain wird so gut wie jedem von uns heutzutage etwas sagen, und die meisten von uns werden Geschichten wie „Tom Sawyer und Huckleberry Fin" als Kinder nur so verschlungen haben, doch hatte der weltbekannte Schriftsteller zu Beginn seiner Karriere einen äußerst

schweren Start. Der Stil, in dem er schrieb, war den Menschen vollkom-
men unbekannt, und viele der renommierten alten Verlagshäuser sahen
daher von einer Veröffentlichung seines Erstlingswerkes ab.

Jahre später, Mark Twain war mittlerweile zu einer internationalen
Berühmtheit geworden, traf sich eine große Zahl einflussreicher Persön-
lichkeiten anlässlich eines gesellschaftlichen Ereignisses, zu dem auch der
große Schriftsteller geladen war.

Verlagsdirektor Carlton, der zwanzig Jahre zuvor dessen erstes Manus-
kript abgelehnt hatte, befand sich ebenfalls unter den Gästen, und es war
daher nur eine Frage der Zeit, bis die beiden aufeinander stoßen sollten.

„Ich kenne einen Menschen, der noch berühmter ist als sie,“ sprach der
altehrwürdige Kaufmann scherzhaft, als sich die beiden zum ersten Mal
persönlich vorgestellt wurden.

„Der wäre?“ wollte der große Schriftsteller amüsiert von ihm wissen.

„Ich, denn man nennt mich das größte Kamel aller Zeiten, weil ich damals
so dumm war, ihr erstes Buch abzulehnen.“

Dies ist nur ein Beispiel von vielen aus der Geschichte, in denen
einer Person, in diesem Fall einem Verleger, eine Riesenchance
durch die Lappen gegangen ist, nur weil er nicht in der Lage war,
über seinen Horizont hinaus zu sehen und dem jungen ambitio-
nierten Schriftsteller sein Ohr zu leihen, als dieser damals bei ihm
vorsprach. Gelegenheiten solcher Art warten im Laufe unseres
Lebens auf jeden von uns, und es liegt einzig und allein in unserer
Hand, was wir daraus machen.

In Zukunft sollten wir daher stets darauf bedacht sein, einem
Menschen niemals aufgrund seiner Kleidung, seines Alters oder
seines Aussehens vorschnell einen Stempel aufzudrücken, sondern
ihm erst einmal aufgeschlossen gegenüberzutreten.

Egal ob es sich in einem solchen Fall um einen jungen oder

alten, auf den ersten Blick reichen oder armen Menschen handelt, von allen können wir etwas lernen, selbst wenn wir mit unserer ersten Einschätzung richtig gelegen haben sollten.

Vielleicht verbirgt sich hinter dem scheinbar verwahrlosten Aussehen einer Person ja tatsächlich ein erfolgreicher Geschäftsmann, der gerade in diesem Moment auf der Suche nach einem geeigneten Partner für sein neues Projekt ist.

Nur wenn wir den Menschen in dieser Situation so akzeptieren, wie er ist, sind wir in der Lage, uns nicht auch unsere beruflichen Perspektiven zu verbauen. Im Leben gibt es unzählige Beispiele für solche Situationen, in denen sich die Menschen selber unbewusst ihrer größten Gelegenheiten berauben.

Begehen Sie also nicht den gleichen Fehler, und akzeptieren Sie jeden Menschen so wie er ist, und wenn Sie es irgendwie einrichten können, hören Sie sich besser auch noch an, was er Ihnen zu sagen hat.

Short Stories zum Thema

/ Liebe, Reichtum und Erfolg

Als eine Frau aus der Haustür auf ihre Veranda ging, sah sie dort drei alte, langbärtige Männer sitzen, die sie noch nie zuvor gesehen hatte.

„Ich glaube nicht, dass wir uns kennen", rief sie zu ihnen herüber, „aber sie müssen bestimmt hungrig sein. Kommen sie doch bitte herein und essen sie ein wenig."

„Ist ihr Mann auch zu Hause?", wollten die drei von ihr wissen.

„Nein", antwortete sie, „er ist nicht da."

„Dann können wir nicht hereinkommen", antworteten die alten Männer.

Am Abend, als ihr Mann nach Hause gekommen war, erzählte sie ihm, was passiert war. „Geh zu ihnen, und sag ihnen, dass ich jetzt zu Hause bin und sie einlade", sprach ihr Mann.

Die Frau ging nach draußen und lud die alten Männer ins Haus ein.

„Wir gehen niemals zusammen in ein Haus", antworteten diese.

„Warum?" fragte die Frau neugierig.

Einer der alten Männer erklärte: „Sein Name ist Reichtum." Und er zeigte auf einen seiner Freunde, und auf den anderen deutend fuhr er fort: „Er ist Erfolg, und ich bin Liebe."

„Gehen Sie hinein, und besprechen Sie mit Ihrem Mann, welchen von uns Sie gerne in Ihrem Haus haben möchten", fügte er dann hinzu.

Die Frau ging ins Haus und erklärte ihrem Mann, was sie gerade erfahren hatte. Dieser war überglücklich. „Wie schön", sagte er. „Wenn das der Fall ist, dann lass uns den Reichtum hereinbitten. Lass ihn hereinkommen und unser Haus mit Reichtum erfüllen!"

Seine Frau widersprach. „Liebling, warum bitten wir denn nicht den Erfolg herein?"

Die Tochter hörte den beiden vom anderen Ende des Zimmers zu und brachte ihren eigenen Vorschlag vor:

„Wäre es nicht besser, Liebe hereinzubitten? Unser Haus wird dann erfüllt sein mit Liebe!"

„Lass uns auf den Ratschlag unserer Tochter hören", sagte der Mann zu seiner Frau. „Geh hinaus und bitte die Liebe herein."

Die Frau ging nach draußen und fragte die drei alten Männer: „Wer von Euch ist Liebe? Kommen Sie doch bitte herein!"

Liebe stand auf und begann, auf das Haus zuzugehen. Die anderen beiden standen ebenfalls auf und folgten ihm. Überrascht fragte die Frau daher die beiden Nachzügler: „Ich habe doch nur Liebe hereingebeten, warum kommt Ihr denn auch herein?"

Die beiden alten Männer antworteten zusammen: „Wenn Sie Reichtum oder Erfolg eingeladen hätten, wären die anderen beiden draußen geblieben. Aber nachdem Sie Liebe eingeladen haben, kommen wir mit. Wo immer er auch hingeht, sind Reichtum und Erfolg nicht weit entfernt!" \

/ Der kleine Junge

Vor vielen Jahren, als ein Stück Torte noch weitaus weniger kostete als heute, betrat ein kleiner Junge das Café eines noblen Villenvorortes und setzte sich an einen der freien Tische. Es verging einige Zeit, bis eine der Kellnerinnen sich an seinen Tisch bemühte, um seine Bestellung aufzunehmen.

Der kleine Junge lächelte die Frau freundlich an und fragte sie neugierig, wie viel ein Stück Kuchen mit Sahne kosten würde.

„Fünfzig Pfennige", antwortete die Kellnerin genervt und begann nervös, mit ihren Fingern auf dem Tisch zu trommeln.

Der kleine Junge zog daraufhin seine Hand mit dem Kleingeld aus der Tasche und begann, dieses sorgfältig zu zählen.

„Und wie viel kostet ein Stück Kuchen ohne Sahne darauf?" fragte er die Frau neugierig.

Diese wurde immer unruhiger, zumal gerade neue Gäste hereingekommen und im Begriff waren, sich an einen Nebentisch zu setzen.

„Fünfundvierzig Pfennige", antwortete sie kurz angebunden.

„Dann nehmen ich ein Stück Kuchen ohne Sahne," sagte der Junge, und die Kellnerin wandte sich von ihm ab, um die neuen Gäste willkommen zu heißen.

Kurze Zeit später brachte sie dem Jungen sein Stück Kuchen, um sich dann sofort wieder der lukrativeren Kundschaft zu widmen. Die Frau bemerkte daher gar nicht, wie der Junge nach dem Genuss des Kuchens aufstand und zur Kasse ging, um dort zu bezahlen. Als sie wenig später zu dem Tisch kam, an dem der Junge gesessen hatte, ließ sie eine Beobachtung allerdings schwer schlucken.

Neben dem sorgfältig abgeleckten Teller lagen, mit Liebe arrangiert, zwei Zweipfennigstücke und ein Einpfennigstück .

Es war ihr Trinkgeld, das der Junge für sie zurückgelassen hatte, anstatt sich Sahne zu bestellen. \

/ Ein Freund

Als ich noch ein kleiner Junge auf der Schule war, sah ich den Neuen in unserer Klasse alleine nach Hause gehen. Sein Name war Shawn. Es sah so aus, als ob er all seine Bücher mit sich tragen würde.

„Warum zum Teufel schleppt jemand all seine Bücher nach Hause,

und das an einem Freitag?" dachte ich insgeheim bei mir. „Der muss ja richtig bescheuert sein." Ich hatte mein Wochenende schon verplant, also zuckte ich nur mit den Schultern und ging meines Weges.

Plötzlich sah ich eine Gruppe Jungen, die auf den Neuen zurannten. Sie traten ihm mit ihren Füßen die Bücher aus der Hand und stießen ihn so heftig zu Boden, dass er mit dem Gesicht im Dreck landete. Seine Brille flog im hohen Bogen durch die Luft und landete einige Meter von ihm entfernt. Der Neue schaute auf, und ich sah sofort diese furchtbare Trauer in seinen Augen. Es versetzte meinem Herzen einen Stich. Also lief ich zu ihm herüber, während er über den Boden kroch und nach seiner Brille tastete. Deutlich sah ich die Tränen in seinen Augen. „Diese Typen sind Idioten, man sollte ihnen mal richtig den Marsch blasen," sagte ich, als ich ihm seine Brille überreichte. „Hey, danke!" sagte er, und ein breites Lächeln lag auf seinem Gesicht, während er mich anschaute. Es war eines dieser besonderen Lächeln, die aus dem tiefsten Inneren eines Menschen kommen. Während ich ihm half, die Bücher aufzuheben, fragte ich ihn, wo er denn wohnen würde. Ich war erstaunt zu erfahren, dass er ganz in meiner Nähe wohnte, und ich fragte ihn daher, warum ich ihn noch nie zuvor gesehen hatte. Er antwortete, dass er zuvor eine Privatschule besucht hätte. Nie im Leben hätte ich mein Leben mit einem Privatschulkind verbracht.

Wir unterhielten uns während des gesamten Heimweges, und ich half ihm dabei, seine Bücher zu tragen. Wie sich herausstellte, war er ein echt netter Typ. Ich fragte ihn daher, ob er Lust hätte, mit mir und meinen anderen Freunden am Samstag Football zu spielen. Gerne willigte er ein. Wir hingen das ganze Wochenende zusammen, und je mehr ich Shawn kennenlernte, desto mehr mochte ich ihn. Meine Freunde dachten übrigens das Gleiche über ihn.

Montag morgen sah ich, dass Shawn wieder seine gesamten Bücher mit in die Schule nehmen wollte. Ich stoppte ihn: „Verdammt noch mal, du wirst dir ja riesige Muskelpakete antrainieren, wenn du immer all deine Bücher mitschleppst!" Er lachte und reichte mir die Hälfte der Bücher herüber.

Während der nächsten vier Jahre wurden Shawn und ich die besten Freunde. Und als wir kurz vor unserem Schulabschluss standen, begannen wir, uns langsam über die Universitäten unserer Wahl Gedanken zu machen. Shawn entschied sich für Georgetown und ich für die Duke University.

Ich wußte, dass wir beste Freunde waren und dass Entfernungen niemals wirkliche Probleme für uns darstellen würden. Er würde Medizin studieren, während ich mich für Betriebswirtschaftslehre mit Hilfe meines Sportstipendium einschrieb.

Shawn war derjenige, der auf unserer abschließenden Zeugnisverleihung der Ehrenstudent sein würde. Ich zog ihn deswegen auf und nannte ihn spaßeshalber einen Streber. Er musste die Abschlussrede vorbereiten, und ich war so froh, dass dieser Kelch an mir vorbei gegangen war.

Am Tag des Abschlussfestes sah ich Shawn. Er sah hervorragend aus. Er war einer dieser Jungen, die während der Schulzeit wirklich zu sich selber gefunden hatten. Sogar sein Brille stand ihm heute wirklich gut zu Gesicht. Er hatte mehr Verabredungen als ich, und alle Mädchen liebten ihn. Meine Güte, manchmal war ich sogar fast etwas eifersüchtig auf ihn. Deutlich konnte ich sehen, dass er wegen der bevorstehenden Rede sehr nervös war. Aufmunternd klopfte ich ihm also auf die Schulter und sagte: „Hey großer Junge, du wirst es einfach wunderbar machen." Er guckte mich mit einem seiner ganz bestimmten Blicke an und lächelte. „Danke," antwortete er.

Als er an der Reihe war zu reden, räusperte Shawn sich tief, bevor er begann: „Der Schulabschlusstag ist eine Zeit, sich bei denen zu bedanken, die einen dabei unterstützt haben, all die Jahre durchzustehen. Deinen Eltern, deinen Lehrern, vielleicht einem Coach ... aber vor allen Dingen deinen Freunden. Ich bin heute hier, um euch allen zu erzählen, was es bedeuten kann, wenn man jemandem seine Freundschaft schenkt. In diesem Zusammenhang werde ich euch jetzt eine Geschichte erzählen."

Ich schaute meinen Freund vollkommen ungläubig an, als er begann, die Geschichte von dem Tag zu erzählen, als wir uns zum ersten Mal trafen. Shawn hatte damals geplant, sich am Wochenende umzubringen, und er erzählte, wie er seinen Spind ausgeräumt hatte, damit es seine Mutter später nicht zu machen brauchte. Er schaute mir tief in die Augen und schenkte mir ein dankbares Lächeln. „Zum Glück bin ich gerettet worden, denn mein Freund hat mich davon abgehalten, das Unaussprechliche in die Tat umzusetzen."

Ich hörte, wie ein Schlucken durch die Menge ging, als dieser gutaussehende, beliebte junge Mann uns allen von seinem schwächsten Moment erzählte. Ich sah, wie seine Mutter und sein Vater zu mir herüberschauten und mir ebenfalls dieses dankbare Lächeln schenkten. Nie zuvor hatte ich dessen wirkliche Tiefe verstanden.

Unterschätzen sie niemals die Kraft ihrer Handlungen. Mit einer kleinen Geste können sie bereits das gesamte Leben eines Menschen ändern. Zum Guten oder zum Schlechten. Wir sind auf dieser Welt, um einander zu unterstützen und uns Halt zu geben. Vergeben sie ihre Chance daher nicht! \

/ Maria

Alle Medizinstudenten, die sich zur letzten Vorprüfung eingefunden hatten, waren sich der Tatsache bewusst, dass sie die beste Klasse waren, die ihre Schule bisher gesehen hatte.

Keiner von ihnen hatte bisher eine schlechte Note erzielt oder gar eine Prüfung nicht bestanden. Und weil jeder von ihnen wusste, dass die nun *folgende Prüfung nicht direkt in ihren Notenspiegel eingehen würde, waren alle anwesenden Studenten sehr entspannt und schauten ihren Professor daher selbstbewusst an, als er den Saal betrat und ihnen die Fragen aushändigte.*

Die ersten vier der fünf Fragen des Tests waren in der Tat für jeden der Studenten leicht zu beantworten, doch blieben bei der letzten Frage die meisten Zeilen leer.

„Wie ist der Name der Frau, die jeden Tag eure Unterrichtsräume sauber macht?" stand als fünfte Frage auf dem Zettel.

Keiner der anwesenden Studenten konnte mit dieser Frage etwas anfangen, und sie nahmen daher an, dass es sich bei der letzten Frage um einen Scherz ihres Professors handeln musste.

Nach der Abgabe der Prüfungszettel stellten sie ihm daher neugierig die Frage, was er mit diesem Scherz bezwecken wolle.

„Meine Damen und Herren, dies war kein Scherz, sondern mein vollkommener Ernst. In ihrem Leben werden sie automatisch eine Menge unterschiedlicher Menschen kennenlernen. Jede dieser Personen ist einzigartig. Sie verdient daher ihre ungeteilte Aufmerksamkeit und Pflege, selbst wenn alles, was sie tun können, ein schlichtes Lächeln oder ein netter Gruß sein sollte. Aus diesem Grund geht die letzte Frage auch in die Gesamtbeurteilung für ihre Vorprüfung ein, ich hoffe, das sie darüber einmal nachdenken."

Die Lektion des Professors hatte ihre Wirkung in keinster Weise verfehlt, und hätte man die Studenten noch Jahre später gefragt, wie der Name der Putzfrau ihrer Schule gewesen sei, so hätten sie ihn noch immer gewusst.

Sie hieß Maria. \

/ Die Geschichte der Universität Stanford (Malcolm Forbes)

Als sich die Zugtür am Bostoner Hauptbahnhof öffnete, stieg ein ärmlich gekleidetes Ehepaar aus dem Abteil aus und begab sich umgehend auf den Weg zur berühmten Harvard University. Dort angekommen machten sie sich direkt auf zum Büro des Präsidenten der renommierten Lehranstalt.

„Wir möchten gerne den Präsidenten sprechen", teilten sie dessen überraschter Sekretärin mit.

Es machte nicht viel Mühe, dem Gesichtsausdruck der Universitätsangestellten zu entnehmen, dass solche Menschen ihrer Meinung nach nichts in einer Eliteuniversität zu suchen hatten.

„Der Präsident hat den ganzen Tag zu tun," teilte sie den beiden daher ohne Umschweife mit.

„Wir werden warten," antwortete der Mann mit ruhiger Stimme.

Stundenlang versuchte die Sekretärin, die beiden unscheinbaren Menschen zu ignorieren, in der Hoffnung, dass sie irgendwann entmutigt ihres Weges gingen. Das Ehepaar blieb jedoch beharrlich sitzen, und irgendwann riss der Sekretärin der Geduldsfaden, und sie entschloss sich schweren Herzens dazu, den Präsidenten tatsächlich zu stören.

„Vielleicht gehen die beiden, wenn sie ihnen nur ein paar Minuten ihrer Zeit schenken", teilte sie dem Präsidenten mit.

Dieser nickte zustimmend und gebot ihr, die Störenfriede hereinzuführen, obwohl er insgeheim der Meinung war, dass ein Mann seiner Stellung sich nicht mit solchen Menschen abzugeben brauchte.

Abwertend betrachtete er die beiden als sie vor seinem Schreibtisch Platz nahmen. Die Frau brach als erste das Schweigen.

„Wir hatten einen Sohn, der ein Jahr lang Harvard besucht hat. Er hat diese Universität geliebt und war sehr glücklich hier. Vor einem Jahr jedoch ereignete sich ein tragischer Unfall, und er wurde getötet. Mein Mann und ich wollen daher nun zu seinen Ehren gerne ein Denkmal auf dem Gelände der Universität errichten."

Der Präsident war nicht berührt, als er dies hörte, sondern regelrecht schockiert.

„Meine liebe Frau," antwortete er, „wir können nicht für jeden Studenten, dem etwas tragisches zugestoßen ist und der irgendwann einmal Harvard besucht hat, ein Denkmal errichten. Würden wir so verfahren, dann würde unser ganzer Campus bald wie ein Friedhof aussehen."

„Oh nein," antwortete die Frau daraufhin schnell. „Wir wollen keine Statue errichten. Wir hatten vielmehr an ein Gebäude gedacht, das wir der Universität im Namen unseres Sohnes stiften wollten."

Der Präsident rollte mit den Augen, als er dies hörte.

„Ein Gebäude!! Haben sie überhaupt eine Ahnung, wieviel sie das kosten würde? Alleine die Eingangshalle zu unserer Bibliothek hat bereits zwei Millionen Dollar gekostet."

Für einen Moment lang war die Frau nun sehr still. Dieser Umstand beruhigte den Präsidenten ungemein, und er fühlte, dass er kurz davor war, die beiden endlich loszuwerden.nach einer Weile wendete sich die Frau ihrem Ehemann zu.

„Wenn das wirklich alles ist, was es kostet, ein Universitätsgebäude zu erbauen, könnten wir doch eigentlich gleich unsere eigene Hochschule errichten."

Der Präsident konnte sich unterdessen gar nicht mehr entscheiden, welchen Gesichtsausdruck er auflegen sollte. Er wähnte sich fernab von Gut und Böse.

Das Ehepaar stand unterdessen auf und reise nach Palo Alto im Bundesstaat Kalifornien, wo sie eine Universität gründeten, der sie ihren eigenen Namen gaben, als Denkmal für ihren Sohn, um den sich Harvard nicht mehr kümmern wollte.

Heute gehört die Universität Stanford zu einer der besten Hochschulen der Vereinigten Staaten und ist zu einer ernsthaften Konkurrenz für die altehrwürdigen Harvard University geworden. \

/ Die junge Geigerin

Im Jahre 1982 wurde die schweizer Geigerin Madeleine Caruzzo als erste Frau in der hundertjährigen Geschichte der Berliner Philharmoniker als vollwertiges Mitglied des Ensembles akzeptiert.

Wenig später spielte mit der 22-jährigen Sabine Meyer eine weitere Frau bei den Berliner Philharmonikern vor, doch obwohl sie ihre gesamte männliche Konkurrenz an die Wand spielte, wurde sie zur allgemeinen Überraschung erst einmal abgelehnt.

Alleine der große Dirigent Herbert von Karajan erkannte das unglaubliche Talent, das in der jungen Frau schlummerte, und erhob seine Stimme, um die anderen Jurymitglieder davon zu überzeugen, ihr doch eine Chance zu geben.

Nach einigem Zögern willigten die Philharmoniker letztendlich ein, der jungen Frau ein Probejahr zuzugestehen, um danach über deren weitere Zukunft zu entscheiden.

Sollte sich nach Ablauf dieser zwölf Monate in einer geheimen Abstimmung eine Zweidrittelmehrheit des Ensembles für die Klarinettistin aussprechen, so würde sie in die Reihen der Berliner Philharmoniker aufgenommen.

Als Sabine Meyer von diesem Angebot erfuhr, war es für sie jedoch vollkommen klar, dass sie auf das Wohlwollen dieser Menschen nicht angewiesen sein wollte. Sie beschloss daher, ihr Glück lieber woanders zu versuchen, und verzichtete dankend auf das Angebot.

Irgendwo, das wusste sie mit absoluter Sicherheit, musste es Menschen geben, die ihr Talent erkennen und schätzen würden.

Sie musste in der Tat nicht lange suchen, um fündig zu werden.

Heute gehört Sabine Meyer zu den am höchsten dekorierten Solistinnen auf ihrem Instrument, und es ist mehr als wahrscheinlich, dass die Berliner Philharmoniker ihre damalige Entscheidung noch heute zutiefst bereuen. \

Zitate zum Thema

„Viele Menschen sind zu gut erzogen, um mit vollem Mund zu sprechen, aber sie haben keine Bedenken, dies mit leerem Kopf zu tun."
(Orson Welles)

„Die großen Tugenden machen einen Menschen bewundernswert, die kleinen Fehler machen ihn liebenswert."
(Pearl S. Buck)

„Es ist erstaunlich, wie vorurteilsfrei wir zu denken vermögen, wenn es gilt, eine Dummheit vor uns selbst zu rechtfertigen."
(Karl Heinrich Waggerl)

„Alle Wirtschaftsprobleme wären zu lösen, wenn man die Selbstgefälligkeit steuerpflichtig machte."
(Jaques Tati)

„Ändere deine Einstellung zu den Menschen, und die Menschen ändern ihre Einstellung zu dir."
(Samy Molcho)

„Kleider machen Leute, aber sie machen nicht den Menschen."
(Othmar Cappelmann)

„Nehmen sie die Menschen, wie sie sind, andere gibt es nicht."
(Konrad Adenauer)

„Niemand ist so uninteressant wie ein Mensch ohne Interesse."
(Thomas Browne)

„Leben ist gemeinsam wachsen wollen."
(Friedrich Nietzsche)

„Man muss nicht jede Erfahrung selber machen."
(George B. Shaw)

„Zwei Dinge sind unendlich: Das Universum und die menschliche Dummheit. Aber beim Universum bin ich mir nicht ganz sicher."
(Albert Einstein)

„Das hat der liebe Gott nicht gut gemacht. Allen Dingen hat er Grenzen gesetzt, nur nicht der Dummheit."
(Konrad Adenauer)

„Die Art und Weise, wie ein Team zusammen spielt, bestimmt über seinen Erfolg. Du kannst die weltbesten Individualisten in einer Mannschaft haben, aber solange sie nicht miteinander harmonieren, ist der Club keinen Pfennig wert."
(Babe Ruth)

„Beispielhaftigkeit ist nicht das Wichtigste, wenn man andere Menschen beeinflussen will, es ist das Einzige."
(Albert Schweitzer)

„Du musst das Feuer der Leidenschaft in dir entzünden, und die Menschen werden Meilen Laufen, nur um dich brennen zu sehen."
(John Wesley)

„Wer Menschen führen will, muss hinter ihnen gehen."
(Lao Tse)

„Der Gelassene nützt seine Chance besser als der Getriebene."
(Thornton Wilder)

„Wer seiner Führungsrolle gerecht werden will, muss genug Vernunft besitzen, um die Aufgaben den richtigen Leuten zu übertragen – und genug Disziplin besitzen, um ihnen nicht ins Handwerk zu pfuschen."
(Theodore Roosevelt)

„Lang ist der Weg durch Belehren, kurz und wirksam durch Beispiele."
(Seneca)

„Führungstalent nennt man die Gabe, den Menschen zu zeigen, dass ihr Bestes etwas ganz anders ist, als sie bisher gedacht haben."
(Theodore Roosevelt)

„Das gute Beispiel ist die einzige Möglichkeit, andere zu beeinflussen."
(Albert Schweitzer)

„Verantwortung ist der Preis der Größe."
(Winston Churchill)

„Was unsere Epoche kennzeichnet, ist die Angst, für dumm zu gelten, wenn man etwas lobt, und für schlau, wenn man etwas tadelt."
(Jean Cocteau)

„Tadeln können zwar die Toren, aber die Klugen tadeln nicht."
(August Friedrich Langbein)

„Jeder Dummkopf kann kritisieren, verurteilen und beanstanden, und die meisten Dummköpfe tun dies auch."
(Benjamin Franklin)

„Wir sind das, wozu uns unsere Gedanken gemacht haben. Achten Sie also darum auf das, was Sie denken."

(Vivekanada)

„Glaub mir, nichts ist trivial."

(Eric Draven, The Crow)

„Wer auf gesicherte Erkenntnisse zählt, kann sich allenfalls noch mit den anderen um die Krümel streiten."

(Bill Gates)

„Auch die Bretter, die man vor dem Kopf hat, können die Welt bedeuten."

(Werner Finck)

VI. Teil

Zeit

Um sich des Wertes eines Jahres bewusst zu werden: Frage einen Schüler, der gerade erfahren hat, dass er die Klasse wiederholen muss.

Um sich des Wertes eines Monats bewusst zu werden: Frage einen Menschen, der gerade erfahren hat, dass er nur noch vier Wochen zu leben hat.

Um sich des Wertes einer Woche bewusst zu werden: Frage den Herausgeber einer Wochenzeitung.

Um sich der Bedeutung einer Stunde bewusst zu werden: Frage einen Menschen, der gerade die letzten Fragen seiner Examensarbeit in nur noch sechzig Minuten beantworten muss.

Um sich des Wertes einer Minute bewusst zu werden: Frage einen Menschen, dem gerade der letzte Bus vor der Nase weggefahren ist.

Um sich des Wertes einer Sekunde bewusst zu werden: Frage jemanden, der gerade im Gehen um Haaresbreite einem herabfallenden Betonsockel entging.

Um sich des Wertes einer Hundertstelsekunde bewusst zu werden: Frage den 100-Meter-Silbermedaillengewinner der letzten Olympischen Spiele.

Um sich des Wertes einer Tausendstelsekunde bewusst zu

werden: Frage den Formel-Eins-Piloten, der die Pole-Position knapp für sich erobern konnte.

Das Empfinden von Zeit liegt immer im Auge des Betrachters.

Nutzen Sie also die Ihnen zur Verfügung stehende Zeit so sinnvoll wie möglich.

Die Relativität der Zeit

Jedem Mensch auf unserem Planeten steht fairer Weise gleich viel Zeit zur freien Verfügung. Der Unterschied besteht lediglich in dem, was der Einzelne mit seiner Zeit anfängt und ob er sie auch wirklich nutzt. Wenn Sie im Stau stehen, kann das Pech sein. Wenn Sie jedoch eine interessante Sendung hören oder ein gutes Hörbuch zur Hand haben, können Sie diese vermeintlich verlorene Zeit auch äußerst sinnvoll nutzen.

Würden wir uns zum Beispiel zwei beliebige Personen aussuchen, von denen die eine zehn Jahre lang mit der Erfüllung ihres Lebenstraumes beschäftigt war, während die andere ihrer gewohnten monotonen Beschäftigung nachging, so würden uns beide bestätigen, dass die letzten Jahre wie im Flug vergangen sind.

Es gibt jedoch auch Fakten, die jene beiden Menschen stark voneinander unterscheiden.

Erstens ist es mehr als wahrscheinlich, dass es demjenigen, der an der Verwirklichung seiner Ziele arbeitete, mittlerweile finanziell besser geht als dem, der sich ziellos treiben ließ.

Zweitens war das alltägliche Empfinden, das beide während der letzten zehn Jahre hatten, vollkommen unterschiedlich.

Während der durch seine Ziele motivierte Mensch jeden Morgen voller Tatendrang aufstand und sich freudig mit neuer Energie in den Tag stürzte, war der Ziellose so sehr in den Mühlen der Monotonie gefangen, dass es ihm fast so erschien, als stünde die Zeit still. Nach Ablauf der zehn Jahre hatten dennoch beide das Gefühl, als sei die Zeit wie im Flug vergangen.

Für Sie dürfte es also vollkommen klar sein, welchem der beiden Beispiele Sie in Zukunft folgen sollten, um nicht in zehn Jahren einzusehen, dass Sie Ihre kostbare Zeit verschenkt haben, während es Ihr Freund vielleicht richtig gemacht hat und seine Zeit sorgsam für sich nutzte, um jetzt sowohl beruflich als auch privat besser dazustehen.

Vergessen Sie dabei jedoch nie, dass abgesehen von der beruflichen auch die private Nutzung der Zeit eine große Rolle spielt, wenn man seinen Erfolg wirklich genießen will.

Der Wert der Zeit

Die Zeit gehört neben Emotionen wie Liebe und Zuneigung zu den wertvollsten Dingen in unserem Leben. Es ist egal, wie viel Geld wir besitzen, wir werden es uns nie leisten können, uns zusätzliche Zeit zu kaufen, wenn die Uhr erst einmal abgelaufen ist. Es gibt viele Menschen, die ihre Zeit sogar als ihr kostbarstes Gut betrachten. Das Wunderbare an ihr ist jedoch, dass sie uns trotz ihres enormen Wertes kostenlos zur Verfügung gestellt wird und nur darauf wartet, von uns genutzt zu werden. Kennen Sie das Gefühl, wenn Ihnen ein äußerer Umstand, sei es eine geplatzte Verabredung oder ein kurzfristig abgesagter Termin, einen Teil Ihrer Zeit stiehlt? Dieser Umstand dürfte für jeden von uns alles andere als angenehm sein. Um dieses Gefühl in Zukunft zu vermeiden, fangen Sie am Besten bei sich selber an. Beginnen Sie mit dem festen Vorsatz, ab heute niemanden mehr auf Sie warten zu lassen und ihm dadurch etwas zu nehmen, was ihm kein Geld der Welt wiedergeben kann. Sollte Ihnen doch einmal etwas Unvorhergesehenes geschehen, das eine Verspätung nach sich ziehen würde, teilen Sie es dem Menschen, der gerade auf Sie wartet, früh genug mit, damit er die Möglichkeit bekommt, seine Zeit anderweitig einzuteilen. Ihre Umwelt wird es Ihnen danken und Sie ebenfalls durch Pünktlichkeit belohnen, wenn Sie Ihrer neuen Haltung treu bleiben. Wer lässt schließlich schon gerne einen Menschen warten, von dem er weiß, dass dieser immer pünktlich und zuverlässig ist, und den er wegen dieser Stärke bewundert?

Die Zeit effektiv nutzen

„Ich habe nie Zeit." Haben Sie diesen Ausspruch schon einmal vernommen oder vielleicht sogar selber von sich gegeben? Natürlich ist nichts weniger wahr als diese Behauptung! „Ich weiß meine Zeit nicht effektiv zu nutzen", wäre die eigentlich treffende Aussage, um diesen Umstand zu beschreiben. Wir müssen nur die 24 Stunden, die wir am Tag zur Verfügung haben, für uns arbeiten lassen, um so das Maximale aus ihr herausholen können. Wir müssen die Zeit zu unserem Freund machen. Viele schätzen die ihnen zur Verfügung stehende Zeit jedoch regelmäßig falsch ein und geraten so ein ums andere Mal unter Zugzwang, der sie in einen unangenehmen Stresszustand verfallen lässt. Sie werden so zum Sklaven ihrer Zeit und bekommen diesen Umstand sowohl körperlich als auch seelisch zu spüren. Stress in Verbindung mit Bewegungsmangel und falscher Ernährung ist mittlerweile Todesursache Nummer eins in der westlichen Welt. Unser Herzkreislaufsystem wird so lange strapaziert, bis diesem nichts anderes übrig bleibt, als seinen Betrieb einzustellen. Wollen Sie das zulassen?

Für den Beginn kann hier ein sorgfältig kalkulierter Zeitplan Abhilfe schaffen. Natürlich werden die meisten von Ihnen bereits etwas Ähnliches besitzen, doch ist es äußerst wichtig, dass man ihn auch richtig nutzt. Die häufigsten Fehler, die bei dessen Benutzung auftreten, sind:

- zu eng gesteckte Termine
- falsch gesetzte Prioritäten bei der Termindauer
- unregelmäßiges Nutzen des Plans
- das Vergessen wichtiger Termine
- mangelnde Konsequenz in der Umsetzung

Diese Fehler gilt es in Zukunft natürlich zu vermeiden, damit wir uns ein für alle Male aus dem Teufelskreis der Zeitfalle befreien können. Dazu fangen wir am Besten bei der wichtigsten Sache des Tages an, nämlich unserem Frühstück. Vielen Menschen unterläuft bereits hier der erste folgenschwere Irrtum. Sie widmen ihrem Frühstück zu wenig Zeit und sind gezwungen, in aller Eile das Essen in sich hinein zu stopfen oder es ganz ausfallen zu lassen, um nicht zu spät zur ihrem ersten Termin zu erscheinen. Ich selber hatte früher die Angewohnheit, meine morgendliche Zeit im Bett auf ein Maximum auszudehnen. Ich habe mir daher nach dem ersten Klingeln den Wecker genommen und ihn peu à peu etwas weiter zurückgestellt, um so ein wenig mehr Zeit im warmen Bett verbringen zu können. Der Morgen beginnt in einem solchen Fall also schon mit einem Gefühl der Zeitnot, das Sie im extremsten Fall den gesamten Tag verfolgt und der Zeit hinterher laufen lässt. Ihre Gesundheit lässt grüßen!

Genau an diesem Punkt müssen wir daher den ersten Puffer setzen. Räumen wir uns gerade zu Beginn des Tages die Gelegenheit ein, erst einmal unsere Mitte zu finden, bevor wir hinausgehen, um die Welt zu erobern. Der Zeitplan beginnt also nicht mit dem ersten Termin, sondern bereits zu Hause, wo Sie die Grundlagen für Ihre tägliche körperliche und geistige Ausgeglichenheit legen! Planen Sie Ihre Morgentoilette und Ihr Frühstück also fest in Ihren Terminplan ein. Nehmen Sie die Zeit, sich zu sammeln, damit Sie nicht schon am Morgen in Panik verfallen. Sie werden sich wundern, welch große Veränderung bereits eine solch kleine Korrektur in Ihrem Befinden auslösen wird.

Räumen Sie Ihren darauffolgenden Terminen bei der Planung ausreichend Zeit ein, um sie wirklich gewissenhaft wahrnehmen zu können. Es nützt Ihnen und den anderen Menschen nichts, wenn Sie während der Gespräche bereits den nächsten Termin im Hinterkopf haben, und somit die Gesprächsqualität auf der Strecke bleibt. Es ist weitaus ratsamer, sich lieber etwas weniger Termine vorzunehmen, aber diese dafür mit aller Energie zu nutzen. Merke: Sie können nur so viel positive Energie aus einem Termin erhalten, wie Sie selber bereit sind zu geben! Setzen Sie lieber auf Qualität als auf Quantität So werden Sie mit weniger Stress weitaus mehr erreichen als bisher. Überlegen Sie sich des weiteren bereits im Vorfeld, wie weit die Termine räumlich auseinander liegen und wie viel Fahrtzeit Sie einplanen müssen, ohne die Verkehrsregeln *ad absurdum* zu führen. Vergessen Sie dabei jedoch nicht, dass auch Sie nur ein Mensch sind, und demzufolge auch Ihr natürliches Bedürfnis der Nahrungsaufnahme befriedigen müssen. Denken Sie also an Ihre Mahlzeiten. Wenn Sie später während des Tages in die Situation kommen, neue Termine eingehen zu wollen, tun Sie sich einen Gefallen: Schreiben Sie diese sofort auf, damit Sie nicht irgendwann von ihnen überrascht werden, weil Sie es irgendwie fertig brachten, diese zu vergessen.

Folgende Punkte sollten Sie bei Ihrer Zeitplanung demnach beachten:

✔ Räumen Sie Ihrer Morgentoilette und Ihrem Frühstück ausreichend Zeit ein.

✔ Gewähren Sie Ihrer Termindauer ausreichend Zeit bei der Planung.

✔ Berechnen Sie Entfernungen in Ihr Kalkül mit ein.

✔ Vergessen Sie Ihre Mahlzeiten nicht.

✔ Lassen Sie Freiraum für körperliche Aktivität.

✔ Planen Sie Zeit für Familie und Freunde mit ein.

✔ Schreiben Sie neue Termine umgehend auf.

✔ Halten Sie sich an den Plan.

Es sollte Ihnen fünf Minuten am Ende jedes Tages wert sein, die Ihnen zur Verfügung stehende Zeit in Zukunft effektiv nutzen zu können. Lesen Sie also Abends in einer ruhigen Minute Ihre Aufgaben für den nächsten Tag noch einmal durch, und machen Sie sich diese noch einmal bewusst.

Ihre Lebensqualität wird es Ihnen danken, wenn Sie sich an diese wenigen Punkte halten. Sie werden merken, dass Ihnen diese Art der Planung nach und nach ins Blut übergehen wird.

Die Fähigkeit, in der Gegenwart zu leben

Auch wenn es von Wichtigkeit ist, dass Sie sobald wie möglich beginnen, Ihr Leben in die richtigen Bahnen zu lenken, sollten Sie es dabei nie an der notwendigen Sorgfalt mangeln lassen. Natürlich ist es wichtig, dass ich meine Ziele niemals vergesse, doch muss ich natürlich auch darauf achten, wohin ich meinen nächsten Schritt setze, um sicher anzukommen. Ich muss dem Leben im Hier und Jetzt meine vollkommene Aufmerksamkeit widmen, damit ich unterwegs nicht ins Straucheln gerate! Wenn Sie Ihren Zielplan richtig erstellt haben, wissen Sie jetzt, was Sie Tag für Tag tun dürfen, um Ihr Ziel zu erreichen. Konzentrieren Sie also Ihre gesamte Energie auf die Erfüllung dieser Aufgabe, und Sie werden automatisch da ankommen, wo Sie hin möchten.

Konzentration ist die Fähigkeit, unsere gesamte Aufmerksamkeit auf das zu richten, was wir gerade tun, und unwichtige Dinge außer Acht zu lassen. Dieser Zustand wird von Experten auch das „Flow-Stadium" genannt. Gemeint ist damit der mentale Zustand, den Menschen erleben, die voll konzentriert in der Lage sind, einen wahren Fluss an Spitzenleistungen zu erbringen.

Indikatoren für den Flow-Zustand sind:

- Ein scheinbarer Stillstand der Zeit.
- Das Gefühl der totalen Kontrolle über die ausgeführte Tätigkeit.
- Selbst schwerste Aufgaben, die nur mit großer Anstrengung zu lösen sind, werden beinahe spielerisch bewältigt.
- Der Betreffende vergisst Vergangenheit und Zukunft und konzentriert sich ausschließlich auf den gegenwärtigen Moment. Er lebt vollkommen im Hier und Jetzt.

Versuchen Sie stets, Ihr Bestes zu geben. Legen Sie Wert auf die Qualität Ihres Handelns. Es mag zwar manchmal verlockend sein, die Arbeit eher schnell als gewissenhaft zu verrichten, doch ist es sehr gut möglich, dass der Schuss in einem solchen Fall nach hinten losgeht.

Sorgen Sie also stets für ein gesundes Fundament, auf dem Sie sicher aufbauen können. Denn Ihr Erfolg kann sich unter Umständen sehr viel schneller einstellen, als Sie es sich im Moment vorstellen können.

Es gibt viele Beispiele von Menschen, die diese einfache Regel in der Vergangenheit missachtet haben und dafür teures Lehrgeld bezahlen mussten.

Egal ob es sich um einen Unternehmer, einen Spitzensportler oder einen Lottogewinner handelt, falls diese zuvor niemals an ihrer Persönlichkeit gearbeitet haben, sehen sie sich in den meisten Fällen einem großen Problem gegenüber. Ihr Geist war noch nicht reif genug, um mit dem plötzlichen Erfolg zurecht zu kommen, und stand der neuen Situation völlig hilflos gegenüber.

Bei vielen dieser Menschen dauert es daher nicht lange, bis sie sich wieder an dem Punkt befinden, an dem sie ihre Reise begannen, und sie sich darüber wundern, wie in aller Welt es dazu kommen konnte. Die Erklärung dafür ist ganz einfach.

Zwar verfügten diese Menschen praktisch über Nacht über eine größere Menge an Geld und Erfolg, doch leider war ihre Persönlichkeit nicht im gleichen Maße wie ihr Bankkonto gewachsen, und daher mit der neuen Situation vollkommen überfordert. Es kam so wie es kommen musste: Als das Kartenhaus unter dem Erfolgsdruck sprichwörtlich zusammenbrach, wurden sie auf die Startlinie zurückversetzt.

Wenn Sie also eine Chance erkennen, dann nutzen Sie diese auf jeden Fall. Aber vergessen Sie dabei nicht, dass Sie auch an Ihrer gegenwärtigen Persönlichkeit arbeiten müssen, um einen dauerhaften Erfolg zu erzielen. Erledigen Sie jeden Schritt mit Bedacht, und überstürzen Sie nichts.

Die Zeit ist auf Ihrer Seite. Was passieren kann, wenn man sich überhastet auf neue Chancen stürzt, kann man sehr schön an der folgenden Geschichte erkennen.

/ Der Magische Stein

Als vor vielen Jahren die antike Bibliothek von Alexandria niederbrannte, konnte trotz aller Bemühungen lediglich ein einziges Buch aus deren riesiger Sammlung gerettet werden.

Weil es sich dabei jedoch nicht um ein bedeutendes Werk handelte, maß man ihm keinen besonderen Wert bei und schenkte es einem armen alten Mann, damit dieser seine kargen Lesekünste aufbessern konnte.

Das Buch war in der Tat nicht besonders interessant, doch fand der alte Mann zwischen den Seiten einen versteckten kleinen Zettel, auf dem das Geheimnis des so genannten „Magischen Steins" geschrieben stand.

Bei diesem Stein handelte es sich um einen unauffälligen kleinen Kiesel, der allerdings die Fähigkeit besaß, durch eine einfache Berührung jegliches Metall in pures Gold zu verwandeln.

Die Schrift erzählte, dass dieser Magische Stein, versteckt zwischen vielen anderen Kieselsteinen, am Ufer des Meeres liegen solle und dort seit Jahr und Tag auf seinen Finder warte. Erkennen solle ihn der glückliche Finder anhand der Tatsache, dass er sich im Gegensatz zu den normalen Kieselsteinen bei Berührung nicht kalt anfühlen würde, sondern eine angenehme Wärme ausstrahle.

Der alte Mann verkaufte daraufhin seine wenigen Habseligkeiten und machte sich auf zur Küste, um dort seine Zelte aufzuschlagen. Er hatte sich fest vorgenommen, den Stein zu suchen.

Er wusste, sollte er einen normalen Kiesel finden und diesen einfach auf den Boden fallen lassen, so bestünde die Gefahr, den gleichen Stein mehrmals aufzuheben, und er beschloss daher, alle Steine, die sich kalt anfühlten, weit ins Meer hinauszuwerfen.

Sobald er also einen Stein gefunden hatte, der kalt war, warf er ihn in hohem Bogen ins Meer hinaus.

Tage vergingen, und er verfuhr immer nach dem gleichen Schema: Immer wieder hob er einen Stein auf, stellte fest, dass der Stein kalt war, und warf ihn ins Meer. Aus Tagen waren mittlerweile Wochen geworden, und aus den Wochen wurden Monate, doch der erhoffte Erfolg blieb leider aus.

Eins Tages jedoch hob der alte Mann einen Kiesel auf, und zu seiner Überraschung war dieser warm. Er nahm ihn und schleuderte ihn im hohen Bogen weit hinaus ins Meer, noch bevor er realisierte, welchen Schatz er in der Hand hielt.

Im Laufe der Zeit hatte sich die Gewohnheit, jeden Stein direkt ins Meer zu werfen, so eingeprägt, dass er, als er endlich den richtigen Stein gefunden hatte, diesen ebenfalls auf Nimmerwiedersehen hinausschleuderte. \

Genauso verhält es sich auch mit den Möglichkeiten in unserem wahren Leben. Es ist leicht, eine Chance zu übersehen, die wir in Händen halten, und es ist noch leichter diese dann einfach wegzuwerfen. Am Anfang legte der Mann noch großen Wert darauf, jeden Stein zu untersuchen, doch irgendwann ließ seine Sorgfalt nach. Als dann der große Moment gekommen war, und er den Magischen Stein wirklich in Händen hielt, warf er ihn dank seiner Nachlässigkeit in hohem Bogen ins Meer hinaus. Und mit ihm all seine Aussichten auf eine bessere Zukunft.

Vermeiden Sie diesen Fehler daher in Ihrem eigenen Leben. Wenn Sie Ihrer persönlichen Chance begegnen, nutzen Sie diese mit aller notwendigen Sorgfalt, um einen dauerhaften Erfolg zu gewährleisten.

Unsere Familie, Freunde

und die liebe Zeit

Was Ihre Familie und Ihre Freunde angeht, so haben neueste wissenschaftliche Untersuchungen ergeben, dass die Dauer, die Sie mit einer Person verbringen, weniger wichtig ist als der Umstand, wie Sie die Zeit mit diesem Menschen nutzen. Es ist also auch hier wie so oft im Leben nicht die Quantität, sondern vielmehr die Qualität, auf die es ankommt. Im Englischen hat man die Umsetzung, die sich aus dieser Erkenntnis ergibt, daher „Quality Time" getauft, und seit ihrer Einführung riesige Erfolge erzielt. Es ist natürlich nach wie vor richtig, so viel Zeit wie möglich mit Ihren Lieben zu verbringen, doch sollten Sie diese Zeit auch effektiv nutzen, anstatt schlicht und einfach nur durch Anwesenheit zu glänzen. Es nutzt Ihrer Familie und Ihren Freunden nichts, wenn Sie mit den Gedanken ganz woanders sind, während Sie mit ihnen Ihre Zeit verbringen, nur um Ihre Pflicht zu erfüllen. Stellen Sie sicher, dass Sie zuerst alle Ihre Themen abgeschlossen haben, bevor Sie sich ihren Nächsten widmen, damit diese nicht unter Ihrer mangelnden Aufmerksamkeit leiden müssen. Lassen Sie es niemals zu, dass Ihre beruflichen Themen die Beziehung zu Familie oder Freunden trüben kann, denn das sind sie definitiv nicht wert.

/ Der alte Mann und der Baum

Der alte Mann, den Herr Braun engagiert hatte, um ihm beim Ausbau seines Dachgeschosses behilflich zu sein, hatte ganze Arbeit geleistet. Was andere in einer Woche nicht geschafft hatten, wurde von ihm an einem einzigen Tag erledigt. Voller Dankbarkeit bot Herr Braun dem alten Mann daher an, ihn nach Hause zu fahren. Schließlich hatte er bemerkt, dass dieser nicht über ein eigenes Fahrzeug verfügte, und es war dem alten Mann deutlich anzusehen, dass ihn der harte Arbeitstag mitgenommen hatte.

Obwohl er mit seinem Angebot erst abgewiesen wurde, blieb er so lange hartnäckig, bis der Mann letztendlich einwilligte. Gemeinsam saßen sie nun in seinem Auto, und nach etwa zwanzig Minuten waren sie am Ziel angekommen. Herr Braun verabschiedete sich noch kurz von seinem Angestellten, und beide verabredeten, dass er ihn am nächsten Morgen wieder zu Hause abholen würde.

Langsam ging der Alte nun auf seine Veranda zu, bis er plötzlich an einem Baum stehen blieb und dessen Blätter berührte. Dabei murmelte er etwas, was Herr Braun aus der Entfernung jedoch nicht verstehen konnte. Auf den letzten Metern zum Haus war der alte Mann auf einmal wie ausgewechselt. Seine müden Bewegungen waren schneller geworden, und ein Lächeln lag auf seinem Gesicht, als er die Tür aufschloss, um im Haus zu verschwinden.

Zum verabredeten Zeitpunkt fuhr Herr Braun am nächsten Tag die Einfahrt herauf, wo der alte Mann bereits auf ihn wartete. Gutgelaunt stieg dieser zu ihm ins Auto, und sie unterhielten sich zunächst über Gott und die Welt, bis sich Herr Braun endlich ein Herz fasste und dem Alten seine Frage stellte.

„Das ist kein großes Geheimnis," antwortete der alte Mann. „Das war lediglich mein Baum des Ärgers. Jeden Tag, wenn ich ausgelaugt von der Arbeit komme, halte ich kurz bei ihm an und hänge meine Sorgen und Gedanken in seine starken Äste. Ich möchte nämlich nicht, dass meine alltäglichen Probleme mit ins Haus hinein getragen werden, weil meine Familie bereits freudig auf ihren Vater wartet. Am nächsten Morgen, wenn ich zur Arbeit gehe, hole ich sie dann wieder dort ab. Das Komische

daran ist," und ein Lächeln huschte über sein Gesicht, als er dies sagte, *„wenn ich morgens herauskomme, um meine Sorgen am Baum abzuholen, sind es bei weitem nicht mehr so viele wie noch am Tag zuvor. Manchmal kann ich sie sogar überhaupt nicht mehr finden."* \

Genau wie der alte Handwerker sollten Sie niemals zulassen, dass Sie vorhandene berufliche Probleme mit in Ihr Privatleben hineintragen und es so unnötig belasten.

Versuchen Sie stattdessen, so viel wertvolle Quality Time wie möglich mit Ihrer Familie zu verbringen, und schöpfen Sie daraus neue Kraft.

Ernährung und Gesundheit

„Mens Sana in Corpore Sano" – ein gesunder Geist in einem gesunden Körper. Das hatten schon die alten Römer erkannt, und ich bin mir sicher, dass sie schon damals genau wussten, wovon sie sprachen. Wenn wir über die optimale Nutzung unserer Zeit sprechen, dürfen wir diesen Aspekt natürlich nicht außer Acht lassen. Unser Geist ist untrennbar mit unserem Körper verbunden. Wenn wir dafür sorgen, dass unser Körper durch ausreichend Bewegung, Ruhe und gesunde Ernährung mit einer guten Kondition ausgestattet ist, wird unser Geist es uns millionenfach danken. Die Energiereserven, die uns so erschlossen werden, sind ungleich höher als die eines Menschen, der konsequent die Bedürfnisse seines Körpers missachtet und sich so langsam aber sicher ins energetische und damit ins gesundheitliche Abseits manövriert. Räumen Sie also Ihrer körperlichen Ertüchtigung und Ihren Mahlzeiten ausreichend Platz in Ihrem Zeitplan ein, und betrachten Sie Ihren Körper als einen Tempel, den es in jedem Fall zu pflegen gilt. Dabei spielt es keine Rolle, ob Sie lieber joggen, schwimmen, Fahrrad fahren oder einen Aerobic-Kurs besuchen. Wichtig ist nur, dass Sie es regelmäßig mindestens dreimal die Woche tun, damit Ihr Körper sich an den Reiz gewöhnen kann. Sollten Sie bereits längere Zeit inaktiv gewesen sein, lassen Sie sich zur Sicherheit erst noch einmal von Ihrem Arzt untersuchen, bevor Sie loslegen. Aber akzeptieren Sie diesen Umstand nicht als Entschuldigung, um keinen Sport zu machen. Auch während Ihrer täglichen Aktivitäten können Sie Ihren Körper mit ein wenig Flexibilität bei vielerlei Gele-

genheiten trainieren, indem Sie schlicht und einfach Ihre Bequemlichkeit einmal vergessen und selber aktiv werden. Möglichkeiten
hierzu sind zahlreich vorhanden:

- Benutzen Sie ab heute nur noch die Treppe anstatt den Aufzug
  oder die Rolltreppe.
- Gehen Sie kurze Strecken lieber zu Fuß, fahren Sie mit dem
  Fahrrad und lassen Sie Ihr Auto stehen.
- Machen Sie im Büro oder bei einer anderen sich bietenden
  Gelegenheit ruhig einmal ein paar Kniebeugen oder Liege-
  stützen.
- Seien Sie schlichtweg einfach aktiver.

Wie Sie sehen, ist es überhaupt nicht schwierig, Gelegenheiten zur
körperlichen Ertüchtigung zu finden, man muss sie nur wahrnehmen und konsequent nutzen!

Auch bei der Ernährung kann man durch wenige Veränderungen wahre Wunder bewirken, wenn man sich an gewisse
Regeln hält:

- Nehmen Sie sich ausreichend Zeit für Ihre Mahlzeiten, und
  kauen Sie bedächtig, bevor Sie jeden Bissen schlucken.
- Nehmen Sie Ihre Mahlzeiten regelmäßig zu sich.
- Essen Sie lieber mehrmals eine kleine Mahlzeit als sich im
  wahrsten Sinne des Wortes vollzustopfen.
- Essen Sie mehr frisches Obst, Gemüse und Vollkornprodukte.
- Trinken Sie ausreichend Wasser, frische Säfte oder Apfelschorle.
  Im Schnitt sollten Sie auf ca. 3 l Flüssigkeiten am Tag kommen
  (keine koffeinhaltigen Getränke, sie entziehen dem Körper
  Flüssigkeit!).

- Besonders Frauen sollten darauf achten, dass sie ausreichend Kalzium in Form von fettarmer Milch, Sojabohnen, -milch und -sprossen oder Nüssen zu sich nehmen.
- Vermeiden Sie fettreiche Nahrung und Fastfood. Essen Sie stattdessen lieber mageres Fleisch oder Fisch.

Wenn Sie sich an diese wenigen einfachen Ratschläge halten, ermöglichen Sie es Ihrem Körper, Unmengen an Energie zu tanken, die er Ihnen bei jeder sich bietenden Gelegenheit gerne zur Verfügung stellen wird. Bereits nach kurzer Zeit werden Sie sich vitaler und gesünder fühlen als jemals zuvor in Ihrem Leben, und Sie werden um nichts in der Welt zu Ihrem alten Befinden zurückkehren wollen.

Short Stories zum Thema

/ Vater und Sohn

Freudestrahlend lief der kleine Junge auf seinen Vater zu, als dieser von der Arbeit nach Hause kam. Nach einer kurzen Begrüßung zog sich der Vater allerdings in sein Arbeitszimmer zurück, um die liegengebliebene Arbeit vom Tag noch einmal zu überfliegen. Er hatte es sich gerade an seinem Schreibtisch bequem gemacht, als es an der Tür klopfte, und sein Sohn mit einem nachdenklichen Ausdruck im Gesicht hereinkam.

„Papa, darf ich dich mal etwas fragen", waren die zaghaften Worte des Jungen.

„Natürlich mein Sohn, aber bitte nur kurz, ich habe nämlich noch viel zu arbeiten."

„Wie viel Geld verdienst du in der Stunde, Papa?"

Überrascht schaute der Vater von seinem Schreibtisch auf.

„Schau mal, mein Sohn, über solche Dinge spricht man nicht. Noch nicht einmal deiner Mutter habe ich jemals erzählt, wieviel ich in der Stunde verdiene."

Enttäuscht schaute ihn sein Sohn daraufhin von unten an.

„Bitte Papa, verrate es doch wenigstens mir."

Genervt überlegte der Vater kurz, was er dem Jungen erzählen sollte.

„Na gut, mein Sohn, wegen dir mache ich einmal eine Ausnahme. Ich verdiene 30 Euro in der Stunde."

„Kannst du mir vielleicht 15 Euro leihen?" fragte der Junge ihn daraufhin.

Wütend schaute der Vater nun auf seinen Sohn herab.

„Wenn das der einzige Grund ist, weshalb du hier hereinkommst und

mich störst, dann habe ich jetzt einen guten Vorschlag für dich. Geh in dein Bett, und überlege dir, ob das alles so richtig war, was du hier heute veranstaltet hast."

Traurig drehte sich der Junge um und verließ gesenkten Hauptes das Zimmer.

Dem Vater wollte unterdessen der traurige Ausdruck auf dem Gesicht seines Sohnes nicht mehr aus dem Kopf gehen, und er konnte sich einfach nicht mehr richtig auf seine Arbeit konzentrieren.

Gegen neun Uhr hielt er es nicht mehr aus und betrat leise das Schlafzimmer seines Sohnes.

„Schläfst du schon?" fragte er ihn.

„Nein", flüsterte sein Sohn aus dem Dunkel heraus.

„Mein Sohn, hier ist das Geld, nach dem du mich eben gefragt hast."

„Vielen Dank Papa", antwortete der Sohn und griff mit seiner Hand unter das Bett, von wo er eine kleine Kiste hervorzog und sie öffnete.

„Nun habe ich endlich die 30 Euro zusammen, die ich brauche."

Verwundert schaute ihn der Vater an. Er hatte schließlich gar nicht gewusst, dass sein Sohn ein Ziel hatte, auf das er sparte.

„Was willst du dir denn von dem Geld kaufen, mein Junge?"

Ernst schaute der Sohn seinem Vater in die Augen, als er antwortete.

„Lieber Papa, würdest du mir bitte eine Stunde von deiner Zeit verkaufen?" \

/ Der Baumeister

Nach langen Jahren harter körperlicher Arbeit spürte der alt gewordene Baumeister des Königs innerlich, dass es für ihn an der Zeit war, zurückzutreten und den jüngeren Leuten das Feld zu überlassen.

Er teilte seinem Herrn daher mit, dass er vorhabe, in Zukunft mehr

Zeit mit seiner Familie zu verbringen, um seinen wohlverdienten Ruhestand genießen zu können.

Der Herrscher war traurig, einen seiner besten Baumeister zu verlieren, daher fragte er ihn, ob er nicht bereit wäre, noch ein letztes Haus in seinem Auftrag zu bauen, er würde ihm damit einen großen Gefallen tun.

Der alte Mann willigte schweren Herzens ein, doch war leicht zu erkennen, dass er nicht mehr mit Freude bei der Sache war. Die Hilfsarbeiter, die der alte Mann für den Bau seines letzten Hauses anheuerte, waren ebenso zweitklassig wie die Materialien, die er verwandte. Dementsprechend zweitklassig war natürlich auch das Ergebnis, als das Haus fertig war.

Die meisten Fenster waren schief eingebaut und ließen sich nicht richtig öffnen. Durch das bereits undicht gewordene Dach tropfte es, und das Wasser ließ den neuen Putz schon jetzt von den Wänden blättern. Dieses Gebäude war mit Abstand das schlechteste, das er im Laufe seiner langen Karriere errichtet hatte, dessen war sich der Baumeister vollkommen bewusst.

Nachdem der Herrscher von der Fertigstellung des Hauses erfahren hatte, beorderte er ehemaligen Lieblingsbaumeister sofort zu sich, um sich von ihm persönlich die frohe Nachricht überbringen zu lassen. Sobald dieser eingetroffen war, übergab er ihm die Schlüssel zur Vordertür des neuen Hauses mit den Worten: „Dies ist dein Haus. Es ist mein Geschenk an dich als Anerkennung für deine jahrelangen treuen Dienste."

Was für einen Schock für den alten Baumeister. Hätte er nur gewusst, dass es sich bei seinem letzten Auftrag um den Bau seines eigenen Hauses handelte, wäre dieser mit Sicherheit anders vonstatten gegangen.

Schweren Herzens musste er sich nun damit abfinden, den Rest seines Lebens in einer Ruine zu verbringen. \

/ Schritt für Schritt (aus dem Asiatischen)

Vor vielen Jahren suchte ein ambitionierter junger Mann im alten Japan einen berühmten alten Edelsteinschleifer auf, um ihn zu fragen, ob er bei ihm in die Lehre gehen könne.

Der Meister erklärte ihm allerdings, dass der Beruf viel Geduld erfordere und er Zweifel habe, ob der junge Mann bereits die nötige geistige Reife besäße, um die vielen verschiedenen Lektionen erlernen zu können. Dieser blieb jedoch hartnäckig und versicherte dem alten Mann, dass er bereit wäre, alles ihm Aufgetragene zu tun, wenn es ihn nur zum Ziel führen würde. Lange Zeit ließ sich der Meister nicht erweichen, doch als er merkte, dass es dem Jungen wirklich ernst war, und dieser weiter beharrlich blieb, willigte er letztendlich ein. Er gebot seinem neuen Schüler, bereits am nächsten Morgen in der Werkstatt zu erscheinen, um seine erste Lektion zu lernen.

Am nächsten Morgen erschien der Junge pünktlich, wie ihm aufgetragen war, und er fragte den alten Mann, was er nun tun müsse. Er sei zu allem bereit. Langsam ging dieser auf den Jungen zu, drückte ihm einen Rohdiamanten in die Hand und befahl ihm, in der Ecke Platz zu nehmen. Danach drehte er sich um und begann mit seiner täglichen Arbeit. Er wog die einzelnen Edelsteine, zerteilte sie und begann, die Rohdiamanten kunstvoll mit aufwendigen Schliffen zu versehen. Bis zum Abend sprach der Meister kein Wort mehr zu dem Jungen, sondern ließ ihn die ganze Zeit still in der Ecke sitzen. Bevor er ihn jedoch nach Hause entließ, teilte er ihm noch mit, dass er ihn am nächsten Morgen zur gleichen Zeit in seiner Werkstatt erwarte.

Pünktlich erschien der Junge am nächsten Tag wiederum zur Arbeit, und der Meister drückte ihm aufs Neue den Rohdiamanten in die Hand, um danach wieder seiner eigenen Arbeit nachzugehen.

Er beachtete den Jungen den ganzen Tag lang ebenso wenig wie am ersten Tag. Auch an den darauffolgenden Tage sollte sich diese Prozedur ein ums andere Mal wiederholen, bis der Junge den Meister nach Ablauf einer Woche fragte, wann er denn endlich anfangen würde, etwas zu lernen, schließlich hätte er jetzt lange genug in der Ecke gesessen und ihm bei der Arbeit zugeschaut.

„Mach dir keine Sorgen, mein Junge, du wirst schon lernen", antwortete ihm der Meister und ging wieder seiner Arbeit nach.

Einige Tage später hatte sich an der Situation allerdings noch immer nichts geändert, und die Frustration im Herzen des Jungen hatte sich noch mehr gesteigert. Trotzdem war er morgens zur Arbeit erschienen, in der Hoffnung, wenigstens an diesem Tag etwas Sinnvolles zu lernen. Als der Meister jedoch erneut vor ihm stand und ihm auftrug, seine Hand auszustrecken, um den gewohnten Stein in Empfang zu nehmen, fiel es ihm schwer, ruhig zu bleiben, und er konnte sich nur mit Mühe eine bissige Bemerkung verkneifen.

Innerlich angespannt machte er sich also bereit, den Stein von seinem Meister zu empfangen. Doch als dieser ihm den Stein in die Hand legte, merkte er sofort, dass etwas nicht stimmte.

„Meister, das ist nicht der Stein, den ich sonst in der Hand halte", teilte er dem alten Mann mit.

„Mein Sohn, du hast gerade eben begonnen zu lernen", entgegnete dieser daraufhin und wandte sich wieder seiner Arbeit zu. \

Zitate zum Thema

„Es gibt Wichtigeres im Leben, als nur sein Tempo zu beschleunigen."
(M. K. Gandhi)

„Wer Großes will, muss zuerst das Kleine tun."
(alte chinesische Weisheit)

„Wenn du zwei Hasen zugleich verfolgst, wird einer entkommen."
(altes Sprichwort)

„Unmäßige Eile erzeugt unmäßige Dinge."
(alte chinesische Weisheit)

„Das Verhalten während einer Stunde kann über eine Jahrtausende währende Reputation entscheiden."
(alte japanische Weisheit)

„Es ist besser, mit drei Sprüngen zum Ziel zu kommen, als sich mit einem das Bein zu brechen."
(alte afrikanische Weisheit)

„Am besten erledigt man die Dinge systematisch."
(Hesiot)

„Gebraucht die Zeit, sie geht von hinnen, doch Ordnung lässt euch Zeit gewinnen."
(Johann W. Goethe)

„Er wunderte sich bereits nach einer Woche, warum die von ihm gepflanzten Bäume keine Schatten werfen."
(Manfred Rommel)

„Der Mensch hat die Geduld verlernt, darin liegt das Grundübel unserer Zeit."
(William S. Maugham)

„Der Erfolg ist wie eine Lawine, es kommt auf den ersten Schneeball an."
(amerikanisches Sprichwort)

„Verschwendete Zeit ist Dasein. Gebrauchte Zeit ist Leben."
(Edward Young)

„Liebst du das Leben, dann verschleudere keine Zeit."
(Euripides)

„Gewöhnliche Menschen denken nur daran, wie sie ihre Zeit verbringen. Ein intelligenter Mensch versucht, sie zu nutzen."
(Arthur Schopenhauer)

„Es ist nicht wenig Zeit, die wir haben, sondern es ist die viele, die wir nicht nutzen."
(Seneca)

„Die Zeit ist – wie alle Zeiten – sehr gut, vorausgesetzt, wir wissen etwas damit anzufangen."
(Ralph W. Emerson)

„Wir haben nur furchtbar wenig Zeit. Wenn wir überhaupt wollen, dann müssen wir jetzt handeln."
(Albert Einstein)

„Wer die Zeit anklagt, will sich nur herausreden."
(Thomas Fuller)

„Wer keine Zeit hat, dem läuft auch diese noch davon."
(Ernst Ferstl)

„Denkt an das fünfte Gebot: Schlagt eure Zeit nicht tot."
(Erich Kästner)

„Die Zeit verwandelt uns nicht, sie entfaltet uns nur.
(Max Frisch)

„Die Zeit ist nur der Fluss, in dem ich angle."
(Henry D. Thoreau)

„Die richtige Zeit, ein Dach zu reparieren, ist, wenn die Sonne scheint."
(John F. Kennedy)

„Wichtig ist nicht die Menge an Zeit, die du zum Üben aufbringst. Wichtig ist die Intensität, die du aufbringst."

(Eric Lindros)
„Versuche immer, dein Bestes zu leisten. Was du heute säßt, wirst du morgen ernten."
(O. G. Mandino)

„Der Weise kennt keine Hast, und der Hastende ist nicht weise."
(chinesische Weisheit)

„Wir haben genug Zeit, wenn wir sie nur richtig nutzen."
(Johann W. Goethe)

NACHWORT

Beim Lesen dieses Buches haben Sie unter anderem viele verschiedene Geschichten und Zitate kennengelernt, die Ihnen in Ihrem zukünftigen Leben eine große Motivationshilfe sein können. Nicht ohne Grund kann so gut wie jeder erfolgreiche Mensch aus dem Stehgreif mindestens ein Zitat oder eine Kurzgeschichte vortragen, die ihm in seinem Leben eine ergiebige Motivationsquelle war. Viele von ihnen haben sogar selber Geschichte geschrieben und lieferten so persönlich Stoff für inspirierende Zitate und Kurzgeschichten, die nun ihrerseits anderen Menschen helfen, ihre Ziele zu verwirklichen und den Weg des Erfolges nicht zu verlassen.

Es liegt nun an Ihnen zu entscheiden, ob Sie die Herausforderung annehmen, in Zukunft ebenfalls Ihre persönlichen Ziele anvisieren und sie von nun an nicht mehr aus den Augen lassen.

Die Lösung steckt nur in Ihnen selbst, denn jeder von Ihnen ist etwas Besonderes. Sie müssen nur endlich damit anfangen, Ihre natürlichen Fähigkeiten auch zu nutzen.

Die einzigen Faktoren, die Sie von der Verwirklichung ihrer Ziele abhalten könnten, sind Ihre selbstauferlegten Blockaden. Erlauben Sie in Zukunft Ihrer Umwelt nicht mehr, Sie in irgendeiner Weise einzuschränken. Streben Sie lieber danach, die Dinge wieder so zu sehen, als wären Sie ein Kind. „Als Kinder haben wir gelernt, aufrecht zu gehen, als Erwachsene haben wir es dann leider wieder verlernt", hat einmal ein kluger Mann erkannt. Strecken Sie in Zukunft also wieder Ihr Rückgrat durch und wandeln Sie stolz durchs Leben, denn Sie haben den Erfolg ebenso verdient wie jeder andere Mensch vor Ihnen. Das Einzige, was Sie von den erfolgreichen Menschen bisher unterschieden hat, ist mangelnde Zielstrebigkeit. Doch es liegt nur an Ihnen, dies in Zukunft zu ändern.

Abschließend möchte ich Ihnen in diesem Zusammenhang noch meine ganz persönliche Lieblingskurzgeschichte erzählen, die meines Erachtens alle bisherigen Erkenntnisse auf einen Punkt bringt.

„Du gewinnst nicht nur manchmal, du machst die Dinge nicht nur manchmal richtig, du machst sie immer richtig. Gewinnen ist eine Einstellung. Unglücklicherweise verhält es sich mit dem Verlieren genauso."
(Vincent T. Lombardi)

/ Der alte Indianer

Ein weiser alter Indianerhäuptling wurde vor langer Zeit von den jungen Angehörigen seines Stammes aufgesucht, weil sie sich von ihm wertvolle Lebenstipps für ihre weitere Zukunft versprachen. Seine zahlreichen Verdienste für sein Volk waren bereits weit über die Landesgrenzen hinaus bekannt, und jeder seiner Landsmänner, egal ob Freund oder Feind, achtete den hervorragenden Ruf, der ihm vorauseilte.

„Es ist eigentlich ganz einfach", sprach der alte Mann zu den Heranwachsenden, nachdem er ihr Anliegen vernommen hatte. „Ihr müsst euch lediglich an drei ganz simple Regeln halten:

Erstens müsst Ihr immer darauf achten, stets fünf Prozent eurer Zeit darauf zu verwenden, zurückzuschauen und Euch zu besinnen, woher Ihr kamt. Zweitens müsst Ihr weitere fünf Prozent Eurer Zeit darauf verwenden, vorauszuschauen und den Horizont anzuvisieren, damit Ihr jederzeit genau wisst, wohin Ihr gehen wollt. Die restlichen 90 Prozent solltet Ihr damit verbringen, den Boden vor euren Füßen niemals aus den Augen zu verlieren und jeden Eurer Schritte stets sorgsam auszuwählen."

Die jungen Zuhörer hatten den Ratschlägen des alten Mannes aufmerksam zugehört, doch waren sie sich nicht ganz sicher, was genau er ihnen mit seiner Ausführung mitteilen wollte.

„Was genau wollt Ihr uns damit sagen, alter Mann", fragten sie ihn daher.

Ruhig lehnte sich der weise alte Häuptling daraufhin zurück und setzte zu einer letzten Erklärung an:

„Meine lieben jungen Brüder, es ist ganz einfach", sprach er mit einem Lächeln auf den Lippen. „Das Zurückschauen ist wichtig, damit Ihr Euch bei einem eventuellen Rückschlag immer daran erinnern könnt, woher Ihr kamt und warum Ihr diesen Weg ursprünglich eingeschlagen habt.

Das Vorausschauen sorgt dafür, dass Ihr Euch nicht nur auf den Pfad vor euren Füßen konzentriert und nicht Gefahr lauft, stets den Weg des geringsten Widerstands zu wählen. Dieser wird Euch mit Sicherheit niemals zum Ziel führen. Es ist jener Weg, den die meisten Unwissenden einschlagen und der daher bereits schon breit und ausgetreten ist.

Wenn Ihr allerdings zuviel damit Zeit verschwendet, darauf zu achten, woher Ihr kamt und wohin Ihr einmal gehen wollt, lauft Ihr Gefahr, ein plötzlich auftauchendes Hindernis zu übersehen und eventuell darüber zu stolpern. Deshalb ist es von größter Wichtigkeit, dass Ihr Eure Schritte stets mit Bedacht ausführt, um auf Schwierigkeiten frühzeitig reagieren zu können.

Haltet Euch daher immer an diese drei einfachen Regeln. So werdet Ihr in Eurem Leben mit Sicherheit jedes Ziel erreichen, das Ihr Euch gesteckt habt."

Die 14 Regeln des Erfolgs

- Willst du etwas erreichen? – Bist du bereit, den Preis zu zahlen?

- Die größte Bremse – Angst.

- Der größte Fehler – Aufgeben.

- Der sicherste Fakt des Lebens – Veränderung.

- Die wirksamste Kraft – positives Denken.

- Der größte Dummkopf – wer sich selbst anlügt.

- Die größte Chance, dich zu beweisen – die nächste, die auf dich zukommt.

- Der größtmögliche Sieg – der Sieg über dich selbst.

- Der größte Verlust – der Verlust des Selbstvertrauens.

- Die klügste Person – wer tut, was er für richtig hält.

- Die größte Freude – gebraucht zu werden.

- Der heimtückischste Verräter – falscher Stolz.

- Die kostspieligste Emotion – Hass.

- Das wichtigste Gut – gesunder Menschenverstand.

Danksagung

Ich habe lange darüber nachgedacht, bei wem ich mich alles für seine tatkräftige Unterstützung bedanken sollte.

Ganz besonderer Dank gebührt mit Sicherheit in erster Linie meinen Eltern und meiner Familie, weil sie die Kraft hatten, mir die Freiheiten zu gewähren, die ich benötigte, meinen eigenen Weg zu finden und zu gehen.

Heute weiß ich aus eigener Erfahrung, wie schwer es ihnen aus ihrer Sicht oft gefallen sein muss, mich dabei zu beobachten und zu unterstützen. Des weiteren möchte ich mich recht herzlich bei all meinen Freunden und Verwandten bedanken, die mir stets eine Inspiration auf meiner Reise hin zu meinem eigenen Ich sind und waren. Besonders hervorheben möchte ich hier: Marina, Kim, Leo, Sascha, Jürgen, Dinah, Roland, Ole, Gerfried, Gisela und vor allem M.D.

Und nicht zuletzt gilt mein besonderer Dank den Besuchern meiner Seminare, die mir durch ihre Begeisterung immer wieder aufs Neue Energie gaben, die ich in die Weiterentwicklung des Projektes Carpe Vitam investieren konnte.

Sollten Sie Fragen haben, oder weitere
Informationen zu Carpe-Vitam-Seminaren wünschen,
wenden Sie sich einfach an:

Volk Verlag, Säntisstr. 45, 81825 München.
www.volkverlag.de, Tel. 089-9306130

Schlagwortverzeichnis